元宇宙

谁的机遇

廖 奇 编著

电子工业出版社
Publishing House of Electronics Industry
北京·BEIJING

内 容 简 介

本书共分为 6 个部分，从定义、现状、趋势、应用、产业布局、科技发展等角度提出元宇宙未来发展的几种可能性。针对元宇宙是第三代互联网的说法进行了多层次的解读与深刻探索。书中结合了目前全球范围内元宇宙的新进展，形象生动地用前瞻视角讲述了元宇宙的发展脉络与未来布局，深入分析了元宇宙给世界科技发展带来的冲击。本书在分析元宇宙历史演变、技术原理、应用场景方面具有重要意义，为读者认清未来趋势提供了良好的方向指导。

本书撰写时收集、审阅了大量中外文献资料，为了让读者更直观、鲜明地了解元宇宙的体系发展，笔者尽可能用最简单直接的方式将重要信息囊括本书之中，是一本用心与诚意之作。即便如此，本书仍难免有疏漏和不足之处，望读者包涵指正。

图书在版编目（CIP）数据

元宇宙：谁的机遇 / 廖奇编著. —北京：电子工业出版社，2022.7
ISBN 978-7-121-44043-4

Ⅰ. ①元… Ⅱ. ①廖… Ⅲ. ①信息经济 Ⅳ. ①F49

中国版本图书馆 CIP 数据核字（2022）第 133441 号

责任编辑：张佳虹
印　　刷：天津画中画印刷有限公司
装　　订：天津画中画印刷有限公司
出版发行：电子工业出版社
　　　　　北京市海淀区万寿路 173 信箱　　邮编：100036
开　　本：720×1 000　1/16　印张：13.25　字数：169.6 千字
版　　次：2022 年 7 月第 1 版
印　　次：2022 年 7 月第 1 次印刷
定　　价：88.00 元

凡所购买电子工业出版社图书有缺损问题，请向购买书店调换。若书店售缺，请与本社发行部联系，联系及邮购电话：（010）88254888，88258888。

质量投诉请发邮件至 zlts@phei.com.cn，盗版侵权举报请发邮件至 dbqq@phei.com.cn。

本书咨询联系方式：（010）88254493，zhangjh@phei.com.cn。

2021 年 3 月，游戏公司 Roblox 在美国上市，元宇宙概念彻底引爆市场，近 400 亿美元（约合人民币 2680 亿元）的市值进一步拓展了人类对元宇宙的想象空间。

元宇宙是集大数据、云计算、人工智能、区块链、虚拟现实、增强现实等技术于一体的集成创新与融合应用。Facebook、微软、腾讯、百度等科技头部企业纷纷入局、积极实践。目前，上海市、广东省、安徽省等地正全力开拓元宇宙相关产业，使其更好地赋能实体经济。

The Metaverse: And How It Will Revolutionize Everything 一书的作者 Matthew Ball 曾提到，元宇宙将彻底改变我们的生活，包括金融、医疗、消费品，甚至生活和娱乐。

元宇宙通过数字工具将现实世界复刻到网络，这是一项伟大的创新之举。个体的创造力将被最大化地释放，这是元宇宙给人类发展带来的巨大机遇。

新冠肺炎疫情加速了数字化进程，人们的工作和生活趋于在线化、数字化和虚拟化。改变，已然到来！积极地面对、适应、融入并寻找自己的位置，才是正确、积极的做法。

相比移动互联网的快速爆发，元宇宙更像是一场长跑。对于关注该方向的创业者而言，需要在短期生存和长期愿景之间做出平衡。数字化的加速和在线化的发展让普罗大众有机会发挥长处，进行深度挖掘，并将其进行市场化交易。对于有创造力与想象力的群体而言，无论是独立创造者、自由设计师，还是自媒体从业者，当下的环境给予其充分的发展空间，同时吸引越来越多的人加入其中。

作为创新经济的推动者和参与者，通过对前沿技术与产业趋势的敏锐洞察，围绕元宇宙生态展开全篇布局，让更多的人能够发现机遇，实现个体的良好发展，是笔者编著《元宇宙 谁的机遇》一书的初衷。

本书主要围绕元宇宙基本概念的内涵和外延、元宇宙和数字化时代的关联、元宇宙的技术实现手段、元宇宙为我们带来的改变及如何实现这种改变等方面展开。在本书的撰写过程中，笔者查阅了大量的中外资料文献，深度调研了行业现状。诸多元宇宙行业先行者的理论和实践为本书提供了良好的方向指导和理论基础，在此一并表示感谢。同时，笔者希望通过深入浅出的诠释与解读，为读者提供一种全新视角，帮助读者更加全面和深入地了解元宇宙，从而更好地挖掘其中的机遇。虽诚心之作，然知识有限，书中难免有错误和疏漏之处，恳请各位读者不吝赐教。

廖奇

2022 年 7 月 7 日 于北京

目 录 /

一
Chapter 1
元宇宙真的来了

（一）虚实之间

2021 年，资本市场"最有革命性、最接近彻底改变世界"的话题可能就是元宇宙了。此前，"字节跳动以 50 亿元收购 Pico"的消息不胫而走，8 月底消息得到确认，且收购金额由 50 亿元涨到 90 亿元。

目前，腾讯、Facebook、英伟达等各个大厂都在 VR 领域进行了巨额投入。2021 年 8 月 31 日，爱奇艺宣布旗下子公司爱奇艺智能发布新一代硬件产品——奇遇 3，该产品被认为具备挑战国际领先产品的实力。

一时间，元宇宙成为炙手可热的概念，把 2021 年称为"元宇宙元年"一点也不为过。

2022 年央视春晚小品《还不还》中，沈腾多次将自己比作"元宇宙的 dogking"，给有关元宇宙的热烈讨论又添了一把火。

元宇宙（Metaverse）从词汇成分来看，是由"Meta"和"verse"拼成的组合词，其中，Meta 意为超越，verse 则是 universe（宇宙）的衍生词。表意上，元宇宙可以理解为超越宇宙的一种存在形式。

乍一看，会以为这是一个新词，其实不然，这是一个存在了将近

30 年的专业术语，只不过近些年才逐渐在互联网领域掀起水花。

1992 年，元宇宙于科幻小说《雪崩》（见图 1-1）中初次登场，其作者是尼尔·斯蒂芬森。《雪崩》出版后，Metaverse 一度被译为"超元域"。随着"超越宇宙"这一概念的兴起，在一轮又一轮的传播中衍生了一个更广为人知的中文名字——元宇宙。

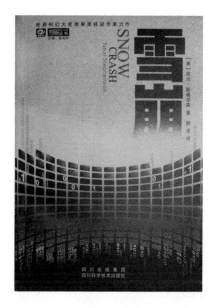

图 1-1 《雪崩》

所谓元宇宙，其实就是超越宇宙之外、一个独立存在的新空间。你可以将这个空间理解为一个平行于现实世界运行的虚拟世界。而与传统意义上的虚拟世界不同的是，这个世界不能单纯地只用我们熟悉的 AR、VR 或 3D 概括。元宇宙更像是 3 种技术的结合，又不局限于这 3 种技术；它超脱了传统 VR 的局限性，塑造了一个可以让人类亲身体验的虚拟现实世界。换句话说，元宇宙能带来一种沉浸式的体验，无论身处何种场景，都能身临其境地参与并感受。

也正是由于这种定义的宽泛性与多变性，引发了对元宇宙的多重解读，本就嗅觉敏锐的互联网企业纷纷标榜自己是做元宇宙产品的。更魔幻的是，一些处于创业初期的公司仅仅依靠元宇宙这个概念就能获得巨额融资，就连大众熟知的社交软件 Soul，都在其主页贴上了元宇宙的标签。

不仅如此，2021 年 12 月 27 日，百度创始人、董事长兼首席执行官李彦宏发表题为《"人机共生"时代 中国迎来 AI 黄金 10 年》的演说，用户在会场参与人机共生的场景，亲身感受前沿 AI 技术的应用，并且李彦宏现场对话天体化学与地球化学家、中国月球探测工程首任首席科学家、中国科学院院士欧阳自远院士，探讨中国 AI 中国航天领域的应用。《"人机共生"时代 中国迎来 AI 黄金 10 年》演说现场如图 1-2 所示。

图 1-2 《"人机共生"时代 中国迎来 AI 黄金 10 年》演说现场

如今，各行各业都将元宇宙视为互联网的下一个阶段。

Facebook 创始人扎克伯格这样评价元宇宙："这是一种更具沉浸感和体现感的互联网""你几乎可以做任何能想象到的事情——与朋友和家人聚在一起，工作、学习、玩耍、购物，这些与我们今天对计算机或手机的定义并不相同。"

《奇异博士》中古一法师说:"你以为你了解世界是如何运作的,你以为这个物质宇宙就是全部的存在。如果我告诉你,你所知道的这个现实世界只不过是众多世界中的一个呢?"

如果说,元宇宙这把火已经熊熊燃烧起来,而时间将证明这一理念会成为熠熠生辉的"金子"。元宇宙将创建一个可让任何一台闲置计算机并入的网络,构建介于虚实之间的新世界。无论是行业巨头还是普通用户,大家都能在元宇宙生态上共同搭建与塑造未来生活的形态。

"未来早已到来,只是尚未均匀分布",身处其中的我们应该意识到变革的浪潮已悄然到来。

(二)大规模参与式媒介

随着技术的不断进步和内容的不断丰富,人们会越来越接近想象中的元宇宙世界——这将会是一个"我们从未见过的大规模参与式媒介(Mass Participatory Medium)"。

为什么说元宇宙是一种"大规模参与式媒介"?

元宇宙是一个存在于虚拟时空的数字世界,也就是说,元宇宙中的所有个体都是以数字身份参与和存在的。

那么,什么是数字身份呢?

可能有人会问,我们平时身处的互联网世界,不就是以数字身份参与的吗,我们所有社交平台的账号不都是由数字 ID 组成的吗,这和元宇宙有差别吗?

元宇宙中的数字身份与我们在互联网中使用的数字 ID 并不是同一种概念。数字 ID 只是你在某个互联网平台、某个应用里创建的账户。如果你需要社交，你可能会注册微信、QQ 账户；如果你想要购物，你可能会注册淘宝账户；如果你需要更便捷的生活服务，你需要用到美团、购票软件、打车软件等。

这些数字 ID 里碎片化地记录了你的某一部分个人信息，片面地代表了你的某一类需求和喜好，这些只是"你的一部分"。也就是说，互联网中的你由这些数字 ID 组合而成，但这些数字 ID 无法捕捉到全部的你，更称不上是一个完全独立的数字身份。

元宇宙是人以数字身份参与数字世界；区别于互联网中那些既不拥有实际权利又不承担责任和义务的数字 ID，元宇宙中的数字身份不需要依附于线下拥有真实身份的那个你，而是一个超脱于现实之外的、完全独立的新身份。

更重要的是，现实世界中只存在物理状态下的你，无论走到哪里，无论做什么事情，都无法改变"你是谁"这个事实。就算你在网上创建了再多的数字 ID，线下的你永远都有且只有一个真实身份。

而元宇宙完美地解决了这个问题，在这里，你可以拥有多个数字身份，这些都是完全独立参与并存在的你。而当实现这一点之后，你就理解了元宇宙的优势之一：自由参与。

何为自由参与？

我们每天网上冲浪，选择使用什么类型的互联网产品，这是自由参与吗？我们可以屏蔽不喜欢的广告和明星而只看自己喜欢的，这是自由参与吗？

这当然是。参与这个行为本身及使用互联网产品本身完全是你自主自愿的意识驱动。

试想一下，如果市面上所有的游戏都规定零点之后禁止登录，如果淘宝商家新推出的产品只开通了境外支付渠道，如果视频不再能自选清晰度而是全平台统一，你还会觉得自由吗？此时的你猛然发现，你自由参与了互联网，但是所有互联网产品使用规则的制定，其实跟你没有任何关系，你依然要依赖于现有的规则和制度，被动选择接受并适应，这就是现实世界互联网的局限性。

但在元宇宙这个数字世界里，你可以摒弃现实世界的"相对自由"，你可以参与所有规则的制定，甚至你的每个数字身份都可以完全独立地参与所有规则的制定，你可以创造独特的玩法和属于自己的多元化世界。

看到这里也许你会想，既然元宇宙这么方便，那要是完全实现了，我们的生活岂不是要发生天翻地覆的变化了？

没错。

元宇宙大热之初，清华大学就曾给这种现象下过定义，称其是整合多种新技术而产生的、新型虚实相融的社会形态；它的最主要诉求是基于扩展现实技术，为用户提供沉浸式体验，将虚拟世界与现实世界在经济系统、社交系统、身份系统上密切融合，并且允许每个用户进行内容生产和编辑。

而允许每个用户进行内容生产和编辑的含义，通俗来讲，就是实现"共同生活"。

我们期待着，元宇宙能打破现实世界在物理空间上的界限，让人们的娱乐、社交甚至生活都沿着多维度发展。

例如，你在现实世界里听到的一首好歌、吃到的一份美食，甚至可能只是一张照片、一处景色，当你把这些分享给身边的人时，对方能够接收的最大化的信息是你隔着屏幕的传递和连接。说到底，对方只是一个看客，并没有真正参与你想要分享的生活里，更谈不上感同身受。

如果把这些分享放在元宇宙里，情况就大不一样了。这一切会变成你们的共同体验，你们可以听着音乐手舞足蹈，就像真的在现场一样，这就是元宇宙的"共同生活"。元宇宙打破现实空间的物理界限如图 1-3 所示。

图 1-3　元宇宙打破现实空间的物理界限

因此，扎克伯格才会得出"元宇宙不是我们在手机或电脑屏幕上看到的互联网，它是一个我们参与的、可以置身其中的互联网"这种略带魔幻色彩的结论。

人类的想象是推动科技进步的重要因素。我们之所以从兴起之初就对元宇宙抱有高度期待，本质上是因为现实世界里的相对自由解放了人的天性，却禁锢了一部分灵魂。而元宇宙一步步发展到今天，从某种意义上来说，已经满足了人类一部分的想象。

元宇宙中的创造力给人们带来的存在感和亲密关系，是人们在现实世界中不曾获得的。这个存在感指的是元宇宙给了所有参与者充分的自由度，发挥自己的优势，建立自己的规则，定义自己的价值。而这能让一个人发挥主观能动性，实现自己的所见所想，并以此来认同自己。人一旦认同自己，就能更好地发挥创造力和价值。如此反复，最终形成良性循环。

至于亲密关系就更好理解了，就像前面提到的，让人们的分享对象从"观看者"变成"体验者"，元宇宙能帮助人们获得更强的临场感，人们可以和关心的人一起相处、共同体验。

人的本性是通过人际互动审视自己、思考世界。如果元宇宙能够在这一点上帮助人们与周围环境建立更多的关系脉络，就极有可能带来更多积极、新奇的体验。

倘若某天元宇宙实现了"共同生活"这一概念，让人人交互这种更真实的体验发生在虚拟的数字世界，那现下我们在互联网上的那种独自参与的"观看"就会被慢慢取代，人们会在这个新的、复杂的关系网络中获得更强烈的存在感和归属感。

（三）迈向未来世界的桥梁

虽然现阶段关于元宇宙的实践体验尚未成熟，但是这种存在感依然使很多人心向往之。不仅如此，元宇宙有可能帮助我们应对人工智能对人的替代问题。

在科技飞速发展的今天，人工智能越来越普遍，无人超市、无人货架、自动驾驶都正在成为现实。在人工智能发展越来越强大的未来，不仅仅是单纯的重复类劳动工作者，医生、律师、文字工作者都有被替代的风险。

凯文·凯利在《必然》一书里写道："未来 20～30 年，超过 50%

的工作机会被人工智能取代，人们会在新的生产力水平上发现新工作。"

细品这句话，是不是能从中读出新的可能性呢？书中说的新的生产力水平会不会就是元宇宙呢？现实情况真的会如他所说的那样乐观吗？真到那个时候，还有什么工作是留给我们的呢？

如果元宇宙能产生新的雇佣模式、就业模式和市场经济，那我们就可能在元宇宙中衍生全新的职业，创造全新的价值，从而形成新的生产力。

假设科技真的发展到那一步，可能又会产生新的担忧。说到底，我们的本质不还是一个消费者吗？只不过我们的消费环境从现实世界转到了元宇宙，难道我们就没有新的社会身份吗？

Facebook 在未来 5 年内要转变为一家元宇宙公司，目前刚刚基于 VR 头盔推出了虚拟会议软件。国内走得比较靠前的腾讯也在开发元宇宙相关的技术和应用，如区块链的记账系统至信链、虚拟人 Siren 等。诸如此类的场景应用还有很多，我们会在后文深入展开和讨论。

彭博新闻社曾预测，2030 年，元宇宙的市场规模将达到 2.5 万亿美元（约合人民币 15.9 万亿元）。

这一数据说明了什么？

没错，是机会！

既然元宇宙是一条完备的产业链，其运转就不可能只靠几家公司。根据元宇宙的运作机制，除了身份系统和价值系统，元宇宙离不开其他很多环节的支持。例如，最底层的基础设施方面，元宇宙需要足够的电力、算力，以及高速网络、开放协议的支持。又如，人类想要大规模进入元宇宙需要借助一定的硬件设备。进一步讲，如果我们的目的是在元宇宙中生活，那么，这个虚拟世界要有足够多的生活场景和商业配套，以及各种各样可供人们赚钱的工作机会。

以上种种，都意味着元宇宙需要非常多的场景和应用开发商，这必然会创造很多我们能够参与的机会，给予我们除消费者外的数字身份。

因此，建造元宇宙并不是仅仅依靠几家公司就能做成的事，而是一个系统工程。那么，这个系统工程对不同行业的人来说都有哪些挑战和机会？普通人又如何参与元宇宙的建造过程？

《原神》游戏开发商米哈游 CEO 刘伟说过一句话："预测未来最好的方式就是去创造。"

我们每一个人都可以是创造者，我们最终能把元宇宙推进何种地步、将来会是什么走向，可能都取决于我们如何创造。

说到这里，相信你对元宇宙已经有了一个全新的认知，此时的你已经做好了向更深处探索元宇宙的准备。

二
Chapter 2
起底元宇宙

（一）赛博朋克的故事

前文提过，"元宇宙"概念最早起源于 1992 年出版的科幻小说《雪崩》。因此，谈及元宇宙的起源阶段，首先要讲讲这本书。

《雪崩》（*Snow Crush*）讲述的是一名失业的程序员投身外卖行业又顺便拯救世界的故事。看似平平无奇，但真正厉害的是，在 1992 年这个科技发展远不如今天的年代，作者仅凭想象力就构建了一个成熟的、平行于现实世界的虚拟世界。只要用户戴上耳机和头显设备，就可以通过终端连接进入由计算机模拟构建的三维世界。

而这个三维世界，就是后来提出元宇宙的大背景——"赛博朋克"文化。

赛博（Cyber）一词根最早源于希腊语，是控制、统治的含义，后来又运用到计算机学科中作为控制论（cybernetics）使用。

赛博这个概念在科幻界比较有名的是美剧《神秘博士》（*Doctor Who*）中的赛博人（Cyberman）。赛博人在剧中指的是企图控制人类的机器人。

朋克（Punk）一词最早源于 20 世纪 70 年代，从最初音乐层面上的反叛逐渐地过渡到对权威的反叛。

因此，可以将"赛博朋克"这个词理解为对企图掌控人类的高科技企业的反叛。

于是，《黑客帝国》中有救世主尼奥对矩阵的反叛，《头号玩家》中有十八岁少年韦德对科技巨头索伦托的反叛，《失控玩家》中有天才程序员键盘对苏乐美老板安托万的反叛。《黑客帝国》宣传海报、《头号玩家》宣传海报、《失控玩家》宣传海报见图2-1～图2-3。

图 2-1 　《黑客帝国》宣传海报

图 2-2 　《头号玩家》宣传海报

图 2-3 《失控玩家》宣传海报

这就是"赛博朋克"的核心精神,即反抗电子权威。

20 世纪 60—70 年代,西方文学圈刮起了一股新浪潮科技运动之风。这类科幻小说不像以往的硬科幻小说有很强的科学准确性、试图预言未来,它们更关注科幻外衣下的人,更强调思想性。其间涌现了一系列小说,菲利普·狄克的《仿生人会梦见电子羊吗》(见图 2-4)最受瞩目,这本小说后来被改编成电影《银翼杀手》(见图 2-5)。此后,日本动漫《阿基拉》(见图 2-6)上映。这两部作品给人们以极大的震撼,最主要的原因在于当时并没有任何一个词可以概括这种虚幻、缥缈的风格。

直到 1983 年,科幻作家布鲁斯·贝斯克发表原创虚幻小说《赛博朋克》,由此才发明了这个词,这种风格就有了具体的文字诠释。1984 年,威廉·吉布森的小说《神经漫游者》获得极大反响,人们逐渐用赛博朋克概括这种风格。再之后,电影《攻壳机动队》《黑客帝国》,

以及游戏《赛博朋克 2077》将赛博朋克推向顶峰。

图 2-4 　《仿生人会梦见电子羊吗》图书封面　　图 2-5 　《银翼杀手》宴传海报

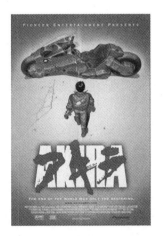

图 2-6 　《阿基拉》宣传海报

1. 系统论、信息论、控制论

从赛博朋克的发展历程中可以发现，赛博朋克的作品基本都是在 20 世纪 70 年代酝酿、20 世纪 80 年代初井喷，这离不开当时的时代环境。

20 世纪 70 年代，反对越战的情绪弥漫整个西方社会，嬉皮士们用公社式和流浪的生活方式来反对当时西方中产阶级的价值观、物质主义及当时的政治。他们被称为"垮掉的一代"，这些反叛青年颠覆了整个社会。

西方各种政策制定者发现，如果任由事态发展下去，将造成工厂瘫痪、政府难以为继的情况。如何改变这种社会关系、消灭传统的工业社会矛盾，成为当时政策制定者讨论的问题。基于此，各种研究机构提出了许多理论，其中 3 个理论最后被用于构建社会，即系统论、信息论和控制论。

系统论是指认识社会的特点和规律，利用这些特点和规律去控制、管理、改造或创造一个社会。

信息论是利用数学、算法和机器，深入了解社会的各种信息规律。例如，手机、网络、媒体等的本质都是信息（大数据）。大数据让政策制定者能更好地了解整个社会，从而做出更优决策。

控制论是利用这些信息（大数据）反馈去调节和控制，使整个系统稳定地运行。

系统论、信息论、控制论三者环环相扣，构建了整个社会。系统论先勾勒社会的基本框架，信息论则用科技和数据深入社会的毛细血管，了解社会的方方面面，而控制论根据信息反馈实时检测并控制整个社会。

聚焦当时的时代环境，艺术创作者和政策制定者惊奇地发现，身处东亚的日本，正是系统论、信息论、控制论实践的最好成果。

彼时的日本，经济迅速发展，大有赶超美国之势。这边的日本工人勤勤恳恳迅速追赶，那边的美国反战游行、工人罢工一刻不停。西方精英们惊奇地发现，西方工人像"爷"一样，而日本企业则可以无视普通劳动力的变更。日本率先进入了一种去工人化的状态，只给工人最基础的培训，不对他们进行任何额外的教育和培训，让底层劳动力随时可以被替代。这种状态就是没有你，整个公司照样运转；而你没有公司，就没有收入，在公司面前，你没有任何谈判筹码。

同样的情形也发生在中国香港地区的九龙城寨，繁华喧嚣的都市与拥挤逼仄的贫民窟一街之隔。偌大的城市时刻不停地精密运转，而底层一个个鲜活的个体却无处安放，巨大却冰冷和渺小却有温度形成强烈的对比和反差。因此，无论是西方的政策制定者还是艺术创作者都从中获得了无限的灵感与想象。只不过二者的立场截然相反。

西方的政策制定者关心的是如何借鉴日本经验更高效地运转整个社会机器。而艺术创作者则给渺小的个体送去人文关怀，所以赛博朋克的艺术风格中有很多东亚元素。

2. 赛博朋克成为现实

艺术源于现实，却高于现实。你会发现，赛博朋克的世界就是把系统论、信息论、控制论推至极点的社会形态，这是他们基于对当时世界环境的懵懂认识而产生的艺术创作，但普通人只认为那是一出科幻歌剧。经过半个世纪的发展，西方的政策制定者用系统论、信息论、控制论框住了人们，赛博朋克也逐渐从幻想转变为现实。如果说 20 世纪 80 年代，赛博朋克是对未来的悲观预言；那么 21 世纪 20 年代，赛博朋克就是活生生的现实了。

经过将近半个世纪的文化发展，赛博朋克的核心精神早已从深邃批判的文学转变成另一种美学风格，消解了它原本深刻的含义。但如果剥去赛博朋克华丽的表层外衣，你会发现，赛博朋克的世界跟我们所处的现实世界如出一辙，这是一种触手可及的"未来"。

赛博朋克里的赛博世界就是一个未来电子的虚拟世界，而这个虚拟世界就是我们所说的元宇宙。

虽然元宇宙诞生初期仅存在于概念，但即便是放在 30 年后的今天，这一假想的提出仍然是富有前瞻性的。

几十年过去了，赛博朋克早已不是当年的赛博朋克，它失去了原本的文学批判性和思想性，转而以一种红蓝相间的霓虹美学展现于世人面前，逐渐成为一种文化符号，成为任何人都可以在其中享乐的乐园，其哲学含义逐渐被消解，取而代之的是赛博朋克的商品化，让资本家们赚得盆满钵满。

这也就是元宇宙的前身。

（二）改变，即将发生

复盘元宇宙的发展历程，可以将元宇宙发展史划分为潜伏期（2002 年以前）、探索期（2003—2011 年）、资本布局期（2012—2016年）、低潮期（2017—2019 年）、元宇宙发展早期（2020 年 10 月以后）。

按照这个时间节点，我们会发现，元宇宙真正从概念转为技术，进而变成科技产品的进程，其实和互联网的发展史如出一辙。

而作为构建元宇宙世界核心要素的 AR（增强现实）/ VR（虚拟现实）行业的发展史，也像极了构成互联网的核心要素——PC 行业的发展史。

1946 年以前，AR 市场仅仅基于安卓/Windows 操作系统，各类硬件产品还不成熟，并且绝大多数供应链都与手机重合，最理想的形态也只是基于手机上的各类应用软件，这些应用软件无一例外都有很大的可迭代空间。当时的 AR 市场与 PC 市场一样，规模较小且较为分散，尚未出现一家领军企业。

这样的低迷情况就算是经历了 1946 年第一台计算机的发明问世，也没能为整个 PC 市场带来转机。由于其价格高昂，一般家庭和商业用户难以负担，因此，没能在整个 PC 市场和计算机行业产成显著的影响。

1977 年，随着 Apple Ⅱ（见图 2-7）的推出，计算机的制作成本开始下降，虽然 Apple Ⅱ需要用户绑定 App 进行捆绑销售，但这种低成本的计算机激活了市场，让整个 PC 端的出货量从 30 万台跃升至百万台。

Apple Ⅱ（1977年）

图 2-7　Apple Ⅱ

慢慢地，随着芯片算力的进步和制作成本的下降，计算机整体售价越来越低，出货量也越来越高。

于是市场更加蓬勃发展，20 世纪 80 年代初，以 C64 电脑为标志，500 多美元（约合人民币 1000 元）[①]的售价使其成为史上最畅销的 PC 之一，年出货量高达 200～300 万台。

那么，PC 市场彻底成熟并完成闭环是什么时候呢？

———————————
① 以 1982 年 1 美元兑换人民币 1.9249 元计算。

其标志性的事件是 IBM Model 5150（见图 2-8）的问世。IBM Model 5150 搭载更强大的处理器、更优秀和便宜的操作系统及开放性的架构，彻底定义了 PC 的基本要素，叠加上鼠标在 20 世纪 80 年代中期被 MAC 电脑带入 PC 市场，使得 PC 整体框架被完整定义，PC 市场彻底成熟。

图 2-8　IBM Model 5150

不难看出，想要形成一个彻底成熟并完成闭环的市场，需要整个系统的交互被确认，只有操作系统统一了，市场才会真正爆发。

随着 5G 及一系列科技基础技术准备就位、算力足够丰富、大众化 VR/AR 硬件设备逐渐普及，多界面、全感官人机互动时代即将到来，元宇宙有望成为下一个阶段大众互联网的传播形式。

如今，VR 领域已经称得上是一个"行业"了，虚拟产品每年出货量为几百万台，而且一直在翻番，预计未来出货量可达 1000～2000 万台。

制约 VR 产业发展的最主要因素是产品形态，目前其产品形态主要体现为游戏机，没有形成成熟的终端产业链，其体量与手机、iPad 甚至是 Switch 等行业的体量相比还有较大差距。这种差异注定了 VR

的市场规模较小，我们希望至少能达到 iPad 的市场规模。整个 VR 行业的成熟或达到人们每天使用的程度，可能还需要 5 年以上。

目前来看，VR 行业基本上是在类似 PC 行业第二阶段的一个时期。我们可以看到，现在市面上某些互联网公司已有一些突破，推出了几种产品，但仍然存在科技断层，短时间内并不能推出一款能刺激 VR 市场永久存在或者是某一个应用永久存在的产品。

如果对各个发展阶段的元宇宙及其雏形产品的成熟度（见图 2-9）从 8 个维度[①]进行量化，以 8 分为满分的话，不难看出，目前元宇宙科技产品的评分在 3～4 分。尽管各界专业人士都觉得 AR 行业仍然处于发展的初期阶段，但这并不影响其大好发展前景。近年来，众多投资者纷纷涌入 AR 行业，准备从这个虚拟世界产业中分一杯羹。换句话说，AR 行业从资本角度来说，确实有其商业可行性在里面。

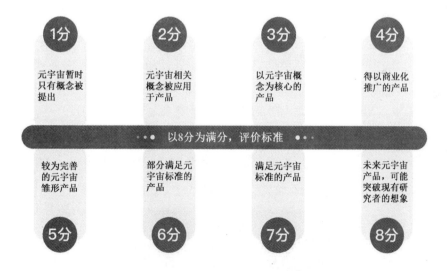

图 2-9　元宇宙及其雏形产品的成熟度

---

① 8 个维度分别是硬件、网络层、计算力、虚拟平台、协议和标准、支付方式、内容/服务和资产、消费者行为。

何为商业可行性？其包含两个核心要素，一是需求真实存在，二是产品的收入与成本的绝佳占比能带来商业利益并支持迭代升级。在供给驱动需求的高科技行业，这两个要素互为因果。在需求侧，Facebook 的 Oculus 定价方案已出，消费者接受度高；苹果的入局也有望创造爆款产品。在供给侧，短焦技术路径及各自的降成本路径已被探明，商业可行性已被产业基本验证。

关于需求问题，人们普遍有这样一种感觉：2D 的电脑屏幕无法实现真正的沉浸感，我们想要体验更多。因为这一需求的存在，资本断定 AR、VR 技术的发展能让虚拟体验越来越引人入胜，逐渐达到与现实世界难以区分的程度，实现"永久沉浸"的最终目标（即元宇宙的"第一入口"）。一方面，AR 技术可实现用户直接或间接观察真实场景，将数字元素叠加到现实世界的对象和背景上。AR 游戏《宝可梦 GO》（见图 2-10）将捕捉"宝可梦"的游玩过程投射到现实场景，极富代入感和互动性，上线 5 年仍热度不衰。另一方面，VR 技术可实现计算机生成的虚拟环境全面接管用户的五感（即视觉、听觉、味觉、触觉、感觉），提供隔离其物理环境的封闭式体验，并通过动作捕捉来实现信息的输入或输出。例如，在 VR 游戏《节奏光剑》（见图 2-11）中，伴随着动感的节奏，斩切"迎面而来"的红蓝方块。此外，MR（混合现实）、XR（扩展现实）的概念将真实场景和虚拟场景相融合，类似于 AR 和 VR 的升级版。

图 2-10   AR 游戏《宝可梦 GO》

图 2-11　VR 游戏《节奏光剑》

　　AR/VR 设备出货量激增，元宇宙接入终端铺开，助力元宇宙逐渐渗透。2020 年，AR/VR 设备出货量共计 706 万台，其中，VR 设备出货量为 637 万台，占比 90.23%（VR 一体机出货量最大，为 309 万台）；AR 设备出货量为 69 万台，占比 9.77%。根据 IDC（互联网数据中心）预计，到 2024 年，AR/VR 设备出货量将激增至 7671 万台，其中，VR 设备出货量为 3560 万台，占比 46.41%（VR 一体机出货量最大，为 2525 万台）；AR 设备出货量为 4111 万台，超过 VR 设备的出货量，占比 53.59%（AR 一体机出货量最大，为 2400 万台）。AR/VR 设备出货量对比如图 2-12 所示。

　　技术壁垒推高行业集中度，Oculus 地位稳固，Facebook 占得元宇宙先机。根据 Counterpoint 统计数据，2020 年，全球 AR/VR 主流厂商出货量市场占有率排名中，Oculus 拔得头筹（占比 53.5%），索尼（占比 11.9%）紧随其后，第 3～5 名分别为 HTC（占比 5.7%）、DPVR（占比 5.5%）和 Pico（占比 4.8%），前 5 名合计占比 81.4%，集中度较高。同时，2020 年销量最高的前 5 款设备厂商中，Oculus 独占 3 席，其行业地位可见一斑。其中，Oculus Quest 2 占比约为 35%，销量第一；索尼 PlayStation VR 和 Oculus Quest 分列第二名和第三名，占比 10%～15%；Oculus Rift S 和 Valve Index 分列第四名和第五名，占比约 5%。国内方面，目前主流的 VR 厂商有 Pico、大朋、爱奇艺、

NOLO、酷睿视、千幻魔镜等，其中 Pico、大朋的份额相对领先，行业呈现多元化的发展格局。

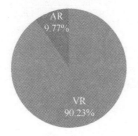

（a）2020年AR/VR设备出货量对比　　（b）预计2024年AR/VR设备出货量对比

图 2-12　AR/VR 设备出货量对比

目前，虽然 AR/VR 产品未达理想型，元宇宙仍在等候消费级商业爆款，但 VR 一体机符合消费电子产品长期的发展趋势，长期渗透率仍然可期。

VR 产品主要分为外接式头显、移动式头显（见图 2-13 和图 2-14）、一体式头显（见图 2-15）3 类。随着算力提升，内容生态逐渐丰富，成本降低，VR 一体机摆脱外部设备限制、可以独立使用的优点越来越突出。主流 VR 一体机仍在技术参数、应用场景、成本售价等方面和理想的元宇宙接入终端尚有差距，预计离商业化爆款还需 3～5 年的发育时间。

图 2-13　移动式头显（Google Cardboard 2）

图 2-14　移动式头显（三星旗下的 Gear VR）

图 2-15　一体式头显

一方面，以 Oculus Quest 2 为代表的主流 VR 设备需要 3～5 年的技术迭代以降低成本，同时使各项技术参数达到理想的元宇宙体验所需标准。要实现元宇宙所需的沉浸式体验，同时解决 VR 设备的晕眩问题，需要画面显示尽可能接近现实世界，这就要求 VR 设备有尽量宽的视野范围、高更新速度和分辨率。目前，市场占有率最高的 Oculus Quest 2 为了降低成本、打开市场，在技术方面并非行业领先。例如，Valve Index 头显已达 120Hz 更新速度、130°视野范围；arpara 头显已达 5K 分辨率、200g 质量，但其售价为 4000～7000 元。目前最先进的技术已经很接近元宇宙的理想要求，参考 Oculus 从 Quest 到 Quest 2 的性能提升及成本降低幅度，仍需继续压低成本将高端机的性能"降维"到"千元机"，这个过程可能需要 3～5 年。用户所用的 VR 头戴设备如图 2-16 所示。

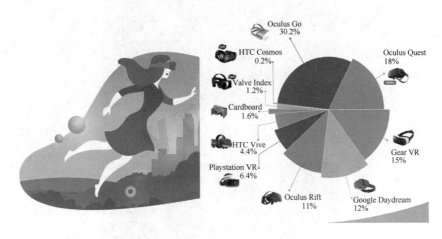

图 2-16　用户所用的 VR 头戴设备

另一方面，VR 一体机的定位接近家用游戏机，由部分追求高新游戏体验的人群率先尝试，距离走向大众、成为生产力工具尚需等待虚拟键盘等方向的突破。Oculus Quest 2 的出货量（约 700 万台）、售价（2400 元左右）都与任天堂家用机 NS 较为接近（出货量为 828 万台、售价为 2500 元左右），尝试 Oculus Quest 2 的用户大多被 VR 游戏的新奇体验所吸引。VR 一体机需要使用手柄对准屏幕上的虚拟键盘逐个按键输入，文字输入比较烦琐，不利于办公。微软和苹果已分别在 2019 年、2020 年申请触控检测等相关专利，可以通过投影键盘、手部追踪实现高效的文本输入，但距离商业化应用尚未有明确的时间表。

全新交互技术提升元宇宙体验方面，不得不提脑机接口，资本认为，脑机接口将成为未来交互的一大黑科技。交互技术是设备与用户连接的桥梁，AR/VR 通过空间定位、动作捕捉实现体验升级。纵观整个互联网交互的演变历程，人机交互实现从命令行界面到图形用户界面的演变，再到触摸交互界面和三维交互界面。在触摸交互界面，用户通过手指在屏幕上直接操作交互内容，主要应用于智能手机和可穿戴设备。在三维交互界面，用户一般通过身体做出特定动作，与三维空间中的界面元素进行交互，主要应用于 AR/VR 场景。元宇宙的搭建和发展，其核心竞争力是全新的用户机器交互模式，AR/VR 搭载交互技术的发展能够提升元宇宙的体验感。

AR/VR 交互技术主要分为外置图像处理定位和内置图像处理定位。外置图像处理定位即通过外置的基站或摄像头与手柄、头盔进行通信互动，以确定玩家的运动轨迹和位移，其特点是速度快、位置准、成本高，如 Kinect 体感、PS Move、Light House 等。内置图像处理定位使用头盔的摄像头拍摄画面的变化，结合定制算法估计运动轨迹，不需要额外设备，更便携，是目前主流新品的选择，如 Oculus Quest 2、Pico Neo 2、爱奇艺奇遇 2、华为 VR Glass。内置图像处理定位有多摄像头、红外摄像头及激光雷达等多种传感器方案，通常需要在头盔内匹配协处理器，未来的主要发展方向是在提高定位精度的同时降低功耗。

目前，脑机接口技术（BCI）已在信息采集、信息分析、反馈等细分领域实现部分突破。2020 年 7 月，埃隆·马斯克旗下 Neuralink 公司在脑机接口技术领域获得突破，通过植入专有技术芯片和信息条，可以直接通过 USB-C 读取大脑信号。此外，"非潜入式"脑机接口技术也迎来进展，UCSF（加利福尼亚大学旧金山分校）团队首次证明，可以从大脑活动中提取人类说出某个词汇的深层含义，并将提取内容迅速转换成文本。

依照元宇宙目前的所处时期和发展速度，距离成为我们想象中的样子可能最多需要 5 年的科技发展和迭代。届时，AR/VR 行业将是一派欣欣向荣的景象，行业发展趋于成熟。元宇宙这一概念或许将从云间下落，在人们心中落地生根。

那么，元宇宙的日后发展趋势究竟会复制谁的历史呢，是否能如预测那样成为下一阶段的全民互联网形式，其终局又将如何？

结合当前投资产业的主流信息，各界投资人大体上持以下 4 种观点（见图 2-17）。

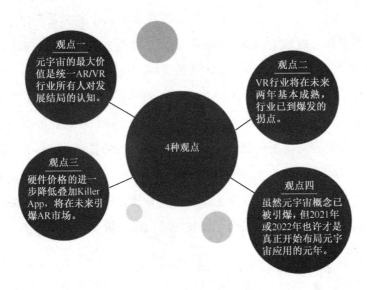

图 2-17　关于元宇宙的 4 种观点

观点一：元宇宙的最大价值是统一了 AR/VR 行业对发展结局的认知。

观点二：VR 行业将在未来两年基本成熟，行业已到爆发的拐点。

观点三：硬件价格的进一步降低叠加 Killer App，将在未来引爆 AR 市场。

观点四：虽然元宇宙概念已被引爆，但 2021 年或 2022 年也许才是真正开始布局元宇宙应用的元年。

关于第四点，征兆已经很明显了。此前，扎克伯格向员工透露了有关元宇宙的全新计划，他表示，Facebook 所构建的用户、创作者社群，以及商业模式、VR 平台在未来将彻底融合在一起，组合成一个更大规模的元宇宙，这是他们的全局目标。元宇宙将成为 Facebook 接下来重点投入的一个新方向。

实际上，自从 Roblox 公司于 2021 年上市并在招股书中提及元宇宙，这个概念快速被 AR/VR 行业抓住，不管是社交应用还是硬件厂商，似乎都不想错过这个新风口。其中固然有太多的赚钱效应或二级市场泡沫，但也切实反映出，当下人类科技和可预见的科技发展，能够创造一个乃至无数个充满想象力的数字世界，承载我们无边无际的好奇心与想象力。

当今世界很少有人对互联网感到陌生，我们用它连接、交流和处理一系列的事情。当前版本的互联网只能在二维的空间里创造、分享和参与内容，而元宇宙打破了这个障碍。

在元宇宙中，你可以沉浸在一个逼真的虚拟三维空间，而非二维空间；你可以与他人互动、交易、联系，甚至分享个人空间。

改变，将由此开启。

（三）连接梦想和现实

《未来简史》一书中提到："如果我们可以创造千万个虚假的世界，而这世界只有一个真实的世界，那我们要如何确定，我们现在所处的这个世界，就是那千万分之一的真实？"

当元宇宙成为现实，人类有可能以一种虚拟的身份沉浸式体验另一个世界，从而有机会拥有更广阔的人生体验。而在那个元宇宙式的未来，人类将面临的或许是一个新的社会形态。

虚拟与现实正在连接，梦想和现实也正在连接。我们仿佛瞥见了属于未来的光，但它还未可知。唯一可以确定的是，人类探索的脚步从未停止，也不会停止。不畏惧对未知领域和空间的开拓，或许正是推动人类文明前进最重要的动力。

本质上说，元宇宙是对现有互联网技术的扩展。未来，元宇宙的接入点包括通用计算机、智能手机、AR、VR 等。

说到未来的虚拟连接现实，我们就不得不再次提到扎克伯格那项雄心勃勃的计划。

2014 年，Facebook 收购了虚拟现实公司 Oculus。扎克伯格认为，该公司的技术核心在与元宇宙相关的研究和技术方面存在重大的商业机会。他希望通过"结缔组织"建立一个新的 3D 社交空间，以弥合不同服务之间的差距。Facebook 接手 Oculus 后，将努力构建一套最大化的、相互关联的虚拟体验系统——一个被称为"元宇宙"的世界。

此外，2020 年 1 月，风险投资家马修·鲍尔（Matthew Ball）撰写了一篇颇具影响力的文章，提出了未来元宇宙发展的关键特征，包括元宇宙须跨越物理世界（即现实世界）和虚拟世界；包含一个完全成熟的经济；提供"前所未有的互操作性"——用户必须能够将他们的化身和商品从元宇宙的一个地方带到另一个地方。至关重要的是，未来将没有一家公司运行元宇宙，因为元宇宙将是一个"具体的互联网"，由许多不同的参与者以分散的方式运行。

纵观这些言论和文章，我们无法说哪个更大胆，唯一可以肯定的是，未来元宇宙的发展方向，将以这一代互联网传播模式为基础，辅以人类科技手段所能达到的最高领域和级别，尽可能地将虚拟世界与现实世界接轨。

从今天人们最初的展望来看，无论未来元宇宙如何发展迭代，其根本目的都是为了更好地服务人类文明，我们可以对此存疑，但不能不相信科技的力量及人类无边无际的想象。

如果没有元宇宙这个终极形态的数字世界，未来游戏与互联网科技产业还是各自独立发展，发展为各种极其发达的平台，如一个个孤岛般，难以打破圈层建构开放的生态。因为商业利益分配的不均衡，我们出入各种平台仍需不同的 ID，构建不同的社交身份，连续性和沉浸式体验处于割裂的状态。

可能未来的游戏、VR 产品会有极致的发展和良好的沉浸式体验，但仅限于游戏领域。对于其他行业领域来说，又得跳脱出来，沉入另外一种不太一致的感受。如同我们在一个时间段中分别观看小视频和使用社交产品，完全是两种不同的割裂感受。也可能一些平台偶尔会因为商业利益有一些生态的联合，但是相比于元宇宙来说，还远远不够广阔与开放。发达的虚拟数字世界分割为好几个阵营形态，需要我们来回切换，作为真实物理世界的补充和延伸。

想想看，在元宇宙平台上，你喜欢的电影首映、演唱会等，不再有地域、场馆大小的限制，你可以参加任何想参加的集会，并且是 VIP 位置；数字门票价格平摊变薄，世界博物馆的游览、艺术品的拍卖与交易都可以深度参与；人与人之间的交互不再停留在文字、音频和视频的社交，虚拟人格的实时互动与游戏娱乐拉近了交互距离，地域、宗教、国籍、文化在虚拟人格中被隐饰，我们因兴趣和内在而社交，这不就是我们对于社交产品的终极梦想吗？

赛博朋克式科幻世界的建立不是因为资源的枯竭和战争，而是因为技术层面的发达。在数字维度层面创造虚拟空间，比科幻世界描绘的还要科幻。逐渐减少的人类活动让绿水青山重返，喜欢深度参与虚拟世界的人在数字场域遨游，喜欢现实物理世界的人在野外漫游，这样的未来让人无限期待。

元宇宙描绘的未来很美好，目前所有的努力都是在拼凑元宇宙的未来，一切设想都处于萌芽初始阶段，对于其概念和形态都建立在科幻作品和技术形态的想象，而真实的样貌我们无法预见。元宇宙的概念太过超前，对于现实世界的孪生复制都极其困难，何况元宇宙还需要对现实世界的一些规则进行革新，勾勒新的虚拟社会和经济形态，打破一些物理世界的"窄门"。元宇宙的"数字"瓦片需要未来各个行业领域的"数字建筑师"参与，贡献编程、创作与设计等价值，而这其中，或许会有你的参与。

"It is a war to control the future"，而我们的征程才刚刚开始……

三
Chapter 3
从"小场景"到"大宇宙"

（一）Roblox 公司的尝鲜

一万个人眼中有一万个哈姆雷特，今天的元宇宙亦是如此。

目前，市场对元宇宙游戏的边界和定义尚且模糊。最近大火的 *VRChat* 游戏在 Steam 平台上的平均在线用户数量接近 20 万。此外，更加接近元宇宙概念的区块链游戏，其融资数量已达往年峰值水平，预计 2022 年，区块链游戏市场还将大幅增长。*VRChat* 游戏示意如图 3-1 所示。

图 3-1　*VRChat* 游戏示意

Roblox 作为市场份额最大的游戏类元宇宙项目，拥有 700 万名地

图创作者，是目前最接近元宇宙概念的游戏。其优势在于内容生态丰富、创作激励丰厚、可供游玩的题材多样、房间可容纳玩家数量多、社交属性强。但中国版 *Roblox* 暂时未上线语音交流功能，社交方面受限。*Roblox* 百万级创作者首次实现了游戏内容生态的闭环，几乎完全放弃了 PGC（专业生产内容）模式，这是传统游戏厂商无法想象的。因此，无论后续的元宇宙技术会发展成何种形态，*Roblox* 对元宇宙的探索功不可没。*Roblox* 游戏场景如图 3-2 所示。

图 3-2　*Roblox* 游戏场景（作者：Highfield City Police Department）

在游戏领域，为实现其闭环特征，*Roblox* 做了如下 3 件事。

一是设立稳定的经济系统和优秀的创作者激励机制。*Roblox* 有一套建立在 Robux 货币基础上运行稳定的经济系统，覆盖内容的创作与消费。玩家在地图中充值的 Robux 有近 1/4 成为创作者收入，极大地激发了用户从普通玩家转化为创作者的热情。

二是低数据量降低硬件性能门槛和云游戏带宽门槛。*Roblox* 简单的画面保证了数据传输量和硬件算力友好，在这种模式下，减轻了用户设备承载的负荷，降低了游戏的硬件标准，增加了游戏的潜在玩家数量。随着 5G 网络的到来和音视频技术的进步，游戏创作平台开始向云游戏模式过渡，传统游戏分发平台逐渐成为软件商店的角色。

三是降低创作准入门槛。*Roblox* 尽量简化开发者编辑器，对于一个青少年来说，其无代码开发模式在 20 分钟内即可上手，同时增强了教育属性。

即便 *Roblox* 在诸多方面达到行业领先，但目前依旧不是所谓的元宇宙。*Roblox* 本质上只是一个 UGC 游戏平台，尚未完全满足元宇宙的沉浸感、虚拟社交身份的条件。此外，*Roblox* 的玩法不一定适合中国市场，主要原因包括中国市场缺乏 UGC 游戏平台的成长基因、用户的内容付费意愿低因而盈利前景不明朗。因此，短期内基于 AI 创作大量可供消耗的内容是游戏发展中的重要一环。

虽然 *Roblox* 目前还称不上是绝对的元宇宙系统，但其作为第一个"吃螃蟹"的上市游戏公司彻底引爆元宇宙概念后，无论是资本市场还是创业者对于元宇宙的兴趣和关切度都骤然升温。扎克伯格在接受媒体采访的时候更是直接宣布，Facebook 要在 5 年内变成一家"元宇宙公司"。正所谓"无利不起早"，互联网头部企业为了搭上元宇宙的首班车可谓是下足了功夫。

（二）国内元宇宙的雏形——百度"希壤"

伴随着 Facebook 部分品牌正式更名为 Meta、全面进攻元宇宙之后，"元宇宙已经成为科技圈爆火的热门词汇"这一点已有目共睹，而首个国内元宇宙产品"希壤"，则是国产元宇宙产品的首次大型场景应用。

百度的这款元宇宙产品，以技术为基础，以开放为理念，对标客户、开发者、用户，旨在打造一个集身份认同、经济繁荣、虚拟现实于一体且能够满足多人互动的虚拟世界，未来将在教育、营销、办公等多场景应用。

如果说现在的互联网是虚拟与现实的分界，那么，这一款元宇宙产品则是带领我们走进虚拟世界的"探路石"。

在虚拟世界，用户能够创造虚拟化身，通过"捏脸"创造属于自己的虚拟形象，还能在虚拟世界闲逛、交友、娱乐。作为国内首个元宇宙产品，希壤究竟是什么样的？

用户在下载注册之后，可以通过拍照"捏脸"的形式创建属于自己的角色，由于希壤是一个平行于现实世界的虚拟世界，且当下还未完全经过市场的考验，因此，不少用户吐槽在希壤中的人工智能有点像"人工智障"，艺术导览差、广告植入等让用户对于元宇宙的体验感不够深入，有待进一步发展。因此，与其说希壤是元宇宙，不如说更像是一个元宇宙的雏形。

"希壤"在《水经注》中这样解释：是生生不息、挖了又长的泥巴，它平凡、朴实但充满希望，可以生长得漫山遍野比比皆是。百度给自己的首款元宇宙产品这样命名，也正是对其寄予了无限的期望。

目前，就元宇宙的发展来看，我们还无法描绘未来发展的蓝图，也无法将其与平行世界相联系，未来元宇宙将有怎样的发展？让我们拭目以待。

当用户在希壤中探索时，能随时随地感受到周围的音效在变化，如微风吹拂枝叶摇摆的声音、小鸟叽叽喳喳的叫声、人走路摩擦地面的声音……遇到不同的人，会产生不同的聊天对话内容，模拟现实世界中的音效场景，让用户沉浸式感受一个逼近真实的元宇宙场景。"希壤"界面如图 3-3 所示。

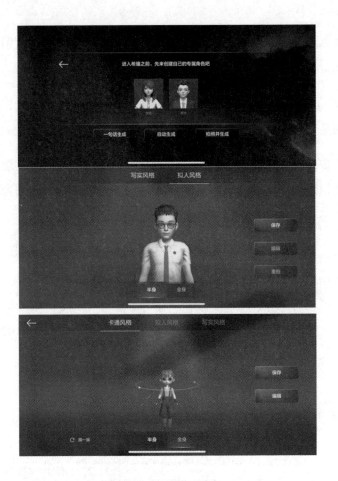

图 3-3 "希壤"界面

听起来似乎跟平时玩的网络游戏没什么不同，但网络游戏是由多个服务器组成的，无法跨越服务器实现多人聊天等需求，而元宇宙的身份系统、社交系统和随时随地的需求，要求创造者必须将用户尽量置于同一服务器下，并保证低延时、高沉浸的用户体验。

作为首个国产元宇宙产品，"希壤"是如何建成的，目前进展如何，元宇宙行业发展又将面临怎样挑战？

2020 年 12 月，"希壤"项目启动；2021 年 3 月，"希壤-7.0"

版本发布；2021 年 8 月，"希壤-6.5 版本"发布；2021 年 12 月，"希壤-6.0 版本"发布。接下来的几年，"希壤"每年都会有一个大的版本演进。

"经过一年多的开发测试，希壤的版本号仍然是一个负数，还有很多不完美之处，距离我们所设想的目标还有巨大的成长空间"，百度副总裁马杰说。在当前的网络技术条件下，视觉、听觉和交互是阻碍元宇宙发展的"三座大山"，技术难度带来的挑战非常大，解决元宇宙难题需要突破一系列的技术瓶颈，需要强大的基础技术能力作为支撑。这些关键技术包括安全、自主、智能的云计算技术，在人工智能、ARM 云、边缘计算、智能视频、AR/VR 等领域的不断创新，以及内容生态的建设与庞大的市场基础。

百度高级副总裁侯震宇则表示，元宇宙的八大基本特征（见图 3-4）包含身份、朋友、沉浸感、低延迟、随地、多元化、经济系统、文明。元宇宙运行的理想状态应是大规模用户持续在线、高沉浸感、高仿真、高效的内容生产，以及去中心化的信息存储和认证。"计算是元宇宙的底层基础，元宇宙对算力的需求近乎无穷"，侯震宇表示。

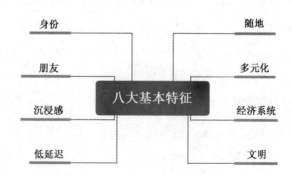

图 3-4　元宇宙的八大基本特征

元宇宙实时高刷的沉浸式体验画面效果、同一空间内的多人交互，需要海量算力、算法支持，也需要大量研发投入，因此，技术实力将成为未来元宇宙竞争的关键一环。百度努力的方向是成为元宇宙的基础设施平台，为"希壤"及其他元宇宙产品提供 AI、云计算等技术引擎。目前，百度智能云的分布式云能够支持元宇宙的用户随时随地接入，如"希壤"大量使用了分布在各地的边缘计算节点资源。

值得关注的是，作为元宇宙场景内的基础交互方式，听觉提供了重要的远近位置和空间线索。在线下举办的数万人发布会会有室内大厅、体育场、室外露天舞台等空间的自然音效，但线上举办的 10 万人大会如何打造更为真实的与会体验？

据马杰介绍，基于空间声场重建技术，通过对 10 万人级别体育场的声学特性建模，"Creat 2021 百度 AI 开发者大会"的主会场实现了超大型露天复杂开放会场的舞台中央演讲者声场重建，融合 10 万人级别实景观众声音的实时背景音还原。用户可以在会场的各个角落听到 5 米内参会者的聊天对话，而随着用户位置的变化，相应地也会听到新的聊天内容。

"此外，不同于我们习惯的网络游戏，元宇宙的身份系统、社交系统和随时随地的需求，要求平台必须将用户尽量置于同一服务器下，并保证低延时、高沉浸的用户体验。在本次'Creat 2021 百度 AI 开发者大会'上，借助数据传输算法调优和本地渲染引擎调优，可以实现 10 万用户规模聚集条件下的相互可见和基于参会者不同位置的实时交互，并通过大容量高并发服务器构建，提高数据准确性，优化系统稳定性"，马杰说。

多年来，百度深耕人工智能技术，在智能视觉、智能语音、自然语言处理、知识图谱等领域具备业内领先的技术优势。2021 年 10 月，百度正式发布基于百度大脑的"百度 VR 2.0 产业化平台"（以下简称

"平台")。平台包含 VR 内容平台和 VR 交互平台，前者围绕素材采集、编辑管理、内容分发和采集设备/素材/统一协议，使内容消费通路更加顺畅；后者则围绕元宇宙场景、虚拟化身、多人交互，VR 头显/社交网络，探索三维化信息在元宇宙中的更多传输与展示方式。率先实现 10 万人同屏互动和万人演唱会级真实声效正是依托百度大脑在视觉、语音、自然语言理解等领域的领先能力，一系列智能技术正在赋能希壤世界。

自首次在 DEF CON CHINA Party 亮相以来，希壤进行了持续的技术迭代，试图打造一个可触及、可体验、可提升的元宇宙雏形。马杰表示，希壤将正式面向开发者开放，邀请广大合作伙伴和开发者一起推动希壤走向成熟，共建国产元宇宙的繁荣生态。

随着元宇宙爆火，虚拟人概念也火了。国盛证券表示，虚拟人是以数字形式存在的，具有人的外观、特点和行为，依赖科技展示的虚拟形象。虚拟人作为元宇宙重要的赛道，能为元宇宙带来丰富的内容和沉浸式体验。

从创作运营与应用场景两个维度，可以将虚拟人分为 4 类：服务型虚拟人（PGC+功能型）、虚拟偶像（PGC+IP 价值）、数字化身（UGC+功能型）、创作载体（UGC+IP 价值）。这 4 类虚拟人（见图 3-5）在制作上技术相通，但在应用上有完全不同的发展路径。

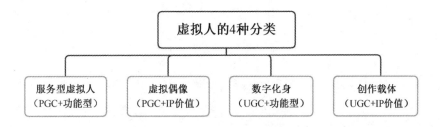

图 3-5　虚拟人的 4 种分类

国盛证券认为，目前虚拟偶像以虚拟主播（vTuber）形式为主，主要原因在于门槛低、变现相对容易和迅速。Bilibili 平台的虚拟主播数量稳步上升，头部主播单月营收高达 200 万元。未来，自媒体平台有望出现各大垂直领域虚拟偶像，真正赋予虚拟人灵魂是在 UGC（用户生成内容）社区创作的。

著名的"初音未来"是社区运营、UGC 机制的典型案例，有大量的创作者将自己的音乐以"初音未来"的化身展现，但因缺乏商业模式，该平台目前面临着创作者流失的困境。而依靠 UGC 社区创作的虚拟偶像生态，在 Web 3.0 下能够与 DAO [①]结合产生新的商业运营模式，参与者共享 IP 成长红利。

（三）虚拟游戏

虚拟游戏从元宇宙这一概念兴起之初就一直备受资本的青睐和推崇，其优势和特点主要体现在以下 5 个方面。

第一，游戏是最先成长起来的元宇宙场景。虚拟社交身份、开放性、经济系统、沉浸感、世界可持续性是元宇宙游戏需关注的五大特征。

第二，元宇宙游戏依然是游戏，现阶段，参与元宇宙游戏的主要是游戏爱好者。新的概念依旧需要好的游戏产品支撑，团队经验和技术能力是考察元宇宙类游戏的核心点。

第三，元宇宙的架构形式应具有多样性。国内大多数元宇宙游戏均为 *Roblox* 的尾随者，元宇宙游戏将创作的主导权交给玩家，即玩家

---

① Decentralized Autonomous Organization 的缩写，即一种全新的人类组织协同方式。

生产地图和规则,本身还是"架构为王",这和20年前的《魔兽争霸3》地图编辑器区别不大。

第四,游戏引擎类长期开发价值更大,但短期内引爆平台的一定是优质内容本身。*Roblox*的核心优势是开放的玩家创作机制,进而实现闭环生态。目前,国内暂无具有优质规模化UGC内容的类*Roblox*平台出现。元宇宙核心是大量的内容沉淀,基于AI的内容创作会是解决该瓶颈的一个方向。

第五,随着元宇宙概念的发展和渗透,游戏、社交、VR内容之间的融合程度将会越来越高。

元宇宙竞争如火如荼,那么,各大互联网和游戏巨头都在做什么?

Facebook:2014年收购VR头显设备Oculus公司后,不断完善技术细节、产品体验和内容丰富度,目前是全球市场份额最高的VR头显品牌,持续引领VR消费级设备行业的火爆;2015年发布的第一款VR社交应用Spaces目前已关停,取而代之的是2019年发布的更精致、更流畅、沉浸感更足的Horizon,即一个由整个社区设计和打造的不断扩张的虚拟宇宙。扎克伯格已宣布Facebook将成为一家元宇宙公司,连接所有可虚拟、可增强、可混合的娱乐、商务、生活等应用场景。

NVIDIA:凭借技术优势将成为元宇宙底层架构的建设者。2020年,NVIDIA发布数字协作创作和数字孪生平台——Omniverse。该平台拥有高度逼真的物理模拟引擎及高性能渲染能力,支持多人共创内容,并且与现实世界高度贴合。

腾讯:作为中国厂商在元宇宙布局的领跑者,在基础设施和C端同时发力。2020年,腾讯云推出智慧城市底层平台,标志腾讯迈入全真互联网时代。此外，腾讯已投资布局元宇宙相关的多个关键领域，新一轮人事变动说明腾讯将从社交媒体入手发力元宇宙生态。

Epic Games：作为虚幻系列引擎的开发商和 CG（计算机动画）技术的领先者，于 2021 年 4 月宣布完成 10 亿美元巨额融资用于打造元宇宙。

除现有头部企业外，初创企业也伺机而动，希望通过抢占先机，在细分领域突围。目前，游戏、沉浸内容、AR/VR、MetaHuman 等领域都不断有"新玩家"涌现。

综合来看，头部企业凭借先发优势在元宇宙角逐中更胜一筹。在目前的中国市场上，最有机会获得元宇宙首张门票的公司应该是牢牢站稳了游戏、社交和长视频内容三大可沉浸领域的头部企业。此外，拥有短视频内容和直播资源的新型企业、拥有大量可沉浸内容版权和一定 VR 内容产出能力的中部企业也有相当大的机会争夺通往元宇宙的门票，同时我们相信，其他头部企业（如阿里、B 站）面对元宇宙的召唤亦不会无动于衷。

说了这么多头部企业的前期举措，相信很多人都会由此联想到以后的游戏发展，毕竟元宇宙现在遥不可及，但游戏已经与我们息息相关。现在很多与元宇宙相关的新闻也确实和游戏相关。例如，第一个把元宇宙写进招股说明书的 Roblox 公司，就是一家玩家可以自建内容的游戏公司，该公司已经在纽交所上市，其投资名单里就有国内以游戏著称的腾讯。

所以，有人说游戏是元宇宙的初级形态，元宇宙是更高级版的游戏。真是这样吗？游戏和元宇宙的构成要素是一样的，只是发展级别和发展阶段不同，还是二者根本就是两回事？游戏和元宇宙的本质区别到底是什么呢？

我们先来看看游戏和元宇宙的相似之处。

前文提到，元宇宙是人以数字身份参与的，如果是广义的元宇宙（即各式各样的元宇宙），一个人可以拥有多个数字身份，在不同的元宇宙中拥有各种可能的生活。

打过游戏的你会很有体会。例如，在某个元宇宙里，你是唐朝的一位大将军；在另一个元宇宙里，是一只可爱温顺的小狗；在下一个元宇宙里，又变成了一个外星人。你看，现在的游戏不就是这样吗？在这个游戏中你是貂蝉，是诸葛亮，或是一个没有姓名的刺客；在另一个游戏中你又成了萌萌的小精灵。在这些游戏里，你和自己的团队一起战斗，一起做任务，是不是很像元宇宙？此外，现在很多高级的游戏就是利用各种可穿戴设备（如 VR 眼镜、可感知手柄等），让玩家沉浸式进入虚拟世界，不仅能看到那个世界，还能感知那个世界。这也和元宇宙非常像，现在很多元宇宙概念的公司发力点之一是提供具有沉浸体验的技术和设备。在他们的设想中，未来你可以非常顺滑、几乎没有感知地进入元宇宙，拥有非常真实的沉浸式体验。

如果从时间维度上简单梳理元宇宙内虚拟游戏的建造过程，主要分为以下 3 个阶段。

第一个阶段：准备期。这个阶段主要涉及元宇宙的基础设施供应商。元宇宙的基础设施主要包括通信网络、云计算和新开放的网络协议。理想的元宇宙能同时容纳百万级、千万级甚至亿级数量的人，所以对网络和算力的需求会有指数级的增长。

第二个阶段：启动期。这个阶段主要涉及记账系统和 NFT（非同质化代币）交易系统。NFT 即元宇宙中记录价值交换的系统，通过区块链实现。例如，你的数字身份在某个元宇宙里买了一瓶水，该元宇宙的账本就会记一次账，用来标记这瓶水的所有权转移给你。目前，很多区块链公司都在为元宇宙打造记账系统，国内有阿里巴巴的蚂蚁链、腾讯的至信链；国外就更多了，如大众比较熟悉的以太坊等。国外有很多 NFT 交易系统，如交易平台 OpenSea、SuperRare。国内还刚刚起步，但我们相信，近几年会有不少新产品上线。

第三个阶段：爆发期。硬件设备厂商和应用场景开发商在这个阶段会大有作为。元宇宙的硬件设备包括 VR 头盔、智能眼镜、电子皮肤、脑机接口等。应用场景就更多了，现实世界中的很多场景（如娱乐、社交、工作、上学、购物等）在元宇宙中也都会有。因此，需要有人在元宇宙里开店、办公司、办学校、策划演艺或体育活动等，这些都是应用场景开发商的机会。

从现在的市场规模来看，我们已经来到了元宇宙的启动期。为什么这么说？因为 2021 年，基于成熟的 NFT 记账系统标准得到了市场认可并且开始大规模使用。2020 年上半年，全球 NFT 记账系统的市场交易额只有 1370 万美元（约合人民币 8709 万元）；而 2021 年上半年，这个数字飙升至 25 亿美元（约合人民币 159 亿元）。

但请注意，这和实现元宇宙还有相当长的距离，游戏绝不是我们所说的元宇宙。

刚才我们提到的给人带来沉浸式体验的技术，如果说它是构成元宇宙的要素之一的话，至少在现阶段，它只能算是半个要素或者排名较为靠后的要素。影响人在元宇宙中体验的要素，不单指硬件设备的技术，另外两个更为基础的要素是游戏不具备的，即身份系统和价值系统。

（1）身份系统

我们以一个昵称或账号进行各种互联网活动，和现实世界的身份是密不可分的。但对于元宇宙来说，身份是完全虚拟的，这个虚拟的数字身份并非把现实世界的你包装成另一个人。不是说现实世界有某种需求（如购物、社交等），需要为这个目的专门建立身份，而是完全出于元宇宙这个系统做出的自由选择。所以，要让元宇宙的数字身份真正发挥价值，恰恰是要适当地隔离和现实世界身份的关系，让数字身份作为一个独立的个体长期存在，只有不同的数字身份之间产生各种关系，元宇宙才能真正运转起来，如同现实世界一样。

（2）价值系统

价值系统是元宇宙的经济系统和运行规则。在元宇宙里做什么是可以创造价值的，什么是可以跟他人交易的，什么是会受到保护的个人资产，什么是可以消费的商品等。说到这儿你有疑问了，游戏里也有身份系统和价值系统，它们和元宇宙中的身份系统和价值系统有什么区别呢？没错，游戏中也有这两个系统，但完全不是一码事儿，关键就在"中心化"三个字。

以身份系统举例，看上去游戏里有很多角色供人选择，可以赋予角色个性（如换发型、换服装、换装备），但整个身份系统是由游戏开发商预先设定好的，玩家并不能左右什么。"中心化"意味着理论上存在"超级权限"，用户的一切账号数据、行为数据都掌握在游戏运营商手中。如果抛开强制的规范不说，理论上，游戏运营商是可以删除任何账号信息的。也就是说，本质上用户的游戏身份是否存在，不是由用户说了算。价值系统更是如此，完全是由游戏开发商决定的。游戏里有什么样的皮肤、道具，这个皮肤值多少钱，这个道具值多少钱，都是游戏开发商定的，玩家只不过是按照这个价值体系去完成游戏任务，这就是"中心化"。

而元宇宙是"去中心化"的，没有任何提前写好的剧情，没有可供选择的角色，也没有类似游戏通关的"终点"。从早期的"开荒拓土"到后期的各种玩法，都是参与者自己策划的，元宇宙给参与者充分的自由度。这也是前面提到的 *Roblox* 这款游戏非常火热的原因，虽然它是一款游戏，但采用了"去中心化"的方式，更为接近元宇宙的初级形态。而我们常说的游戏，不论是角色扮演游戏，还是更为复杂的开放世界游戏或漫游式游戏，本质上都是"中心化"游戏，玩家都处于游戏运营商的规则之中。

总而言之，在"去中心化"的元宇宙中，身份系统是一种全新的社会关系，价值系统则是一种全新的生产关系。因此，如果不建立"去中心化"的身份系统和价值系统，元宇宙就无从谈起，无论硬件设备技术做到多么极致，沉浸体验做到多么逼真，也不能称之为元宇宙。

身份系统、价值系统再加上沉浸式体验，这才是元宇宙的三大实现要素（见图 3-6）。

图 3-6　元宇宙的三大实现要素

而身份系统、价值系统和沉浸式体验三大实现要素又是如何支撑元宇宙的呢？继续从细分领域为大家娓娓道来。

细分领域一：VR/AR。

其核心观点有以下 5 个方面。

第一，虚拟现实技术是元宇宙和现实世界的桥梁，是实现元宇宙沉浸感系统的关键，而脑机接口替代 VR 设备的征程还很漫长。所以 VR 更有可能成为元宇宙硬件载体的 1.0 形态。

第二，VR 的关键词为"娱乐体验"，AR 的关键词为"效率提升"。从爆发周期看，VR 会早于 AR 爆发，因为娱乐天然具有可快速推广的属性，能快速触达更多人群。

第三，VR 的技术积累已经达到可以大规模适用的基础，目前，核心组件主要依托成熟的大厂，差异化不高，硬件的核心竞争力在于交互算法和工程能力。

第四，VR 硬件设备具备典型的智能硬件发展路径，短期集中于游戏场景，长期看更接近智能手机。未来，驱动整个 VR 行业增长的核心将是内容生态。

第五，VR 和元宇宙具有天然相关性，头部内容将会提升 to C 单机产品的市场渗透率。短期内，VR 线下体验店仍是普通消费者获得 VR 体验最直接的方式。

消费级 VR 设备将是用户通往元宇宙的大门，正如电影《头号玩家》中所示，戴上 VR 头显就进入另一个世界，而 AR、MR（混合现实）设备和技术将是搭建元宇宙场景的高效工具。2020 年，全球 VR 头显设备出货量已达到 670 万台，同比增速超 70%。据 IDC（互联网数据中心）预测，2022 年 VR 头显设备出货量将达 1500 万台，Mark Zuckerberg 预言"智能硬件达到 1000 万台"的市场拐点即将到来。

VR/AR 内容的匮乏是目前掣肘该行业发展的最大因素。随着更多游戏厂商转向 VR 内容生产，硬件设备的市场覆盖率会呈指数级增长。回顾 Oculus 在 2020 年的成功，极高的性价比是其引发 VR 消费级设备行业大火的首要原因。随着市场对 VR 内容需求的大幅增长，硬件厂商也将加速对内容生态的构建。

Oculus Quest 2（见图3-7）是Facebook在2020年10月推出的一体式移动VR设备，目前全球市场份额占据第一。在硬件方面，该设备性价比高，佩戴舒适感有所提升，同时很好地解决了噪音问题，拥有相当丰富的内容生态。未来，基于Oculus平台的游戏内容质量甚至有望超越V社VR游戏《半条命：Alyx》。

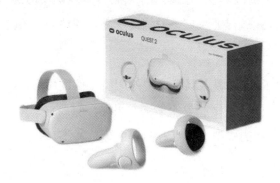

图3-7　Oculus Quest 2

国内VR硬件市场头部企业已经浮现，包括Pico、爱奇艺VR、大朋等，未来，率先构建完整内容生态的企业有望突围实现高速增长。

细分领域二：MetaHuman[①]。

其核心观点有以下4个方面。

第一，人物ID是元宇宙的第一资产，因此，MetaHuman是实现用户的虚拟身份感和沉浸感的保障。该领域不存在绝对的技术门槛，且商业场景丰富。目前，MetaHuman的盈利模式已通过社交账号运营、流量变现等方式完成初步商业闭环。

———————————

① MetaHuman是元宇宙社交媒体平台账号中的虚拟身份，通常理解为超写实数字人。

第二，MetaHuman 对于元宇宙搭建更多的是启发和印象式的宣传作用。未来，在元宇宙部署后期，MetaHuman 与 AI 技术的融合会更加明显，将提供更有沉浸感的虚拟社交身份。

第三，现阶段的 MetaHuman 服务于社交平台，未来，MetaHuman 的突破点在于品牌合作、明星合作、网络原创剧集等方面。

第四，虚拟人物具有天然的 IP 安全性优势，相比频频"人设崩塌"的艺人，完全由团队经营的虚拟人物作为偶像不会"翻车"。MetaHuman 相比传统偶像而言，其核心竞争力在于纯粹市场导向的人设搭建，理论上完美贴合各种商业场景，但仍需等待市场反馈。

"Miku 初音未来"是第一代虚拟人物的代表。作为 MetaHuman 的前身，这个时期的虚拟人物只有简单的建模和不那么逼真的动作和材质，主要以合成声音为特色。且"Miku 初音未来"几乎只能适应线上场景，线下仅局限于舞台、音乐会、漫展等演出场景。随着技术水平的提升，虚拟人物逐渐从二次元领域脱离并走向线下。2015 年开始，虚拟人物走向高保真，宣传集中于线下场景的趋势也越来越明显，"集原美"是这一阶段的代表人物，在其宣传的图片和短片中，主打人物与现实场景的融合归功于动态捕捉技术的进步。如今，虚拟人物的实时互动性显著提高，其变现方式也从虚拟演出扩展到秀场直播和游戏直播，Bilibili 平台最受欢迎的虚拟主播之一"冷鸢"有超过 300 万的关注量，乐华娱乐旗下的虚拟偶像团体"A-Soul"在全网的粉丝量超过 400 万。

Epic Games 公司旗下的 MetaHuman Creator 是一款基于云服务的应用，能帮助任何人在几分钟内创建照片级逼真的数字人类 MetaHuman，可在虚幻引擎项目中用于制作动画，近乎完全地复制现实生活中的人类外表。MetaHuman 的商业场景广阔，如申请自己的社交账号、与队友打游戏、骑自行车、逛潮牌店等，甚至可以有真实的社交。而国内在该领域才刚刚起步，"AYAYI"刚出现时，很多粉丝以为是真人，在知道她虚拟形象的"真身"后，其社交账号流量反而出现下滑。国内的 MetaHuman 市场有待成熟，而由于完全依靠人设服务于商业场景，市场对虚拟人物所在团队的 IP 运营能力有着很高的要求。

细分领域三：社交。

其核心观点有以下 4 个方面。

第一，元宇宙概念下的社交产品非常注重虚拟身份及社交关系的搭建，现阶段难以实现线下身份感带入。

第二，快速打通社交关系链条、提升社交效率的关键点是构建拥有大量用户基数的平台，因此，元宇宙社交领域的商业拓展机会集中在大厂。

第三，兴趣社交、多对多链接和虚拟交友是元宇宙社交产品的创新点。

第四，元宇宙社交产品大部分是对以往产品功能、使用功能等的翻新，或进行一定程度的微创新、局部创新，并没有本质上的变革。

目前，元宇宙概念下的社交可分为以下 3 类模式。

一是多对多链接通过增加最小社交单元的组成人数或组队方式，以大于 1 人作为最基本的社交单位进行小群组间关系的匹配和建立。Clubhouse、Zoom、Discord 的创新多基于技术进步的量变（可容纳人数）而非质变。

二是兴趣社交主要在半熟人或陌生人之间以"趣缘圈子"为单位展开，如 *VRChat* 中不同主题的房间、公路商店和 Soul 中兴趣标签等都是非熟人之间信号传递的媒介。

三是虚拟交友利用 VR/AR 生成虚拟形象以打造虚拟人物、仿真明星（模拟形象和声音），以 *VRChat* 为代表的软件可导入和分享玩家自制的个性化化身（Avatar），因此受到 ACG[①]爱好者的广泛好评，最受欢迎的化身往往与著名的动画、游戏 IP 相关。

细分领域四：区块链。

NFT 和 Defi 是区块链在元宇宙世界中的主要应用，二者可以有效支撑元宇宙的经济系统。以腾讯"幻核"为代表，国内 NFT 项目崭露头角，但功能相对保守。Defi 市场持续低迷，但由于区块链的天然加密属性，仍有长期发展的趋势。

区块链是支持元宇宙终极形态的底层协议，而 NFT 将具有独特价值（非同质化价值）的资产加密化，用区块链技术背书，使其不可被仿冒或盗版，从而保证数字艺术品的安全性。被做成 NFT 的资产影响其价格的唯一因素是市场的供需关系。Defi 基于区块链构建，可以像乐高积木一样组合。运用区块链技术将传统金融服务中所有"中介"角色全部由代码替代，从而实现金融服务效率的最大化和成本的最低化。

NFT 市场规模不可限量，现实世界的泛数字化已初步显形。OpenSea 平台于 2021 年连续获得大额融资。CryptoKitties[②]平台诞生了史上最贵的加密猫 Dragon，成交价格约为 17 万美元（约合人民币

---

① ACG 即 Animation（动画）、Comics（漫画）和 Game（游戏）的首字母缩写。

② Cryptokitties：聚众云吸猫的游戏，是基于以太坊平台运行的。用户在游戏中可以养大、买卖并繁育"电子宠物"小猫，每只小猫和其繁衍的后代都是独一无二的。

108 万元）。在 NFT 艺术世界 *Cryptovoxels* 中，加密土地已几近售罄。该项目受到加密艺术家们的青睐，通过打造画廊，用户可以直接购买展示的 NFT 作品。每一名加密艺术家都希望自己的作品能得到更好的展示机会，因此，画廊的位置很重要，这些土地本身也是 NFT。

在国内，腾讯发起了 NFT 项目"幻核"，目前加密发行了"十三邀语录唱片"收藏品；阿里巴巴推出了专门用于 NFT 艺术的交易市场，已经展示了许多 NFT，如星球大战插图和西明珠塔的绘画。尽管二者不满足去中心化、可二次交易的属性，仅提供收藏价值，但可视为国内大厂在 NFT 方面的积极尝试。

由于受到加密货币市场波动和政策影响，Defi 项目当前的总锁仓量稳定在 10 亿美元（约合人民币 63.5 亿元）。基于区块链技术实现的流动性转换及智能合约，未来将更高效地赋能元宇宙经济系统。

2021 年 3 月，元宇宙第一股 Roblox 公司在美国纽交所上市，首日市值超过 380 亿美金（约合人民币 2414.2 亿元）；同年 7 月，Facebook 宣布在 5 年内转型成元宇宙公司；同年 8 月，芯片头部企业英伟达花费数亿美金，推出了为元宇宙打造的模拟平台 Omniverse。资本市场上，A 股元宇宙产业链合计 80 多只个股，市值超过 4 万亿元，涉及产业链非常广泛，主要包括 AR、VR、网络游戏、社交互联网、云计算、智能穿戴、生物识别、数字孪生、光学及音/视频技术服务等。据相关统计数据，2021 年，各美股上市公司在财务文件和其他公司文件中，提到元宇宙的次数与 2020 年相比增加了 5 倍。

针对国内公司的一些动作，我们能看到的是，不少大公司正在加快投资元宇宙。例如，腾讯投资了具备元宇宙雏形的游戏 *Roblox*，字节跳动投资了手游公司代码乾坤，米哈游投资了陌生人社交应用 Soul 等，他们都看中了这些公司向元宇宙拓展的潜力。

米哈游为什么要花 8900 万美元（约合人民币 5.65 亿元）的高价投资 Soul？简单来说，Soul 是一个匿名版的"陌陌"，Soul 所提供的社交方式带有很强的虚拟性。用户进入 Soul 后，彼此并不知道对方的信息，而是通过兴趣、性格等精神特质进行好友匹配的，并且都用虚拟形象跟其他人聊天，这是不是就有点元宇宙数字身份的感觉了？所以，如果稍稍了解 Soul 的玩法，就能得出一个判断：米哈游投资 Soul，也许就在为元宇宙的身份系统提前布局。

2020 年，由于受新冠肺炎疫情影响，很多学校的毕业典礼和毕业季庆祝活动全都取消。但美国加州大学伯克利分校的学生在沙盘游戏《我的世界》中模拟了毕业场景（见图 3-8），把校园的建筑和场景搬到线上，以虚拟的方式完成了毕业典礼。

图 3-8　美国加州大学伯克利分校模拟毕业场景

同年，美国著名歌手 Travis Scott 在游戏《堡垒之夜》中举办了一场"ASTRONOMICAL"虚拟演唱会（见图 3-9）。在演唱会上，Travis Scott 以一个巨大的虚拟形象穿梭在游戏里的各个场景，和观众们频繁互动。共计 1230 万人参加这场演唱会，刷新了《堡垒之夜》这个游戏同时在线人数的历史记录。

图 3-9 "ASTRONOMICAL"虚拟演唱会

电影《阿凡达》中的主人公虽然身患残疾，但可以将自己的意识输入阿凡达的大脑，通过外星人化身进入潘多拉星球。这个在导演詹姆斯·卡梅隆眼中的真实星球，恰恰也可能是你我就能创作出的元宇宙世界。电影《阿凡达》是在讲一场战争，而我们是要建立美好的生活家园。《阿凡达》宣传海报如图 3-10 所示。

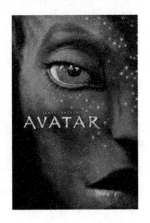

图 3-10 《阿凡达》宣传海报

我们可以想象一下元宇宙未来的样子：医生以数字身份进入太空，为宇航员提供远程的医疗服务；矿井工人进入虚拟空间进行勘测，无须置身于危险环境；建筑师进入虚拟空间，把脑海中天马行空的想象变成一栋栋数字建筑。

如果我们的这些想象可以在技术上实现，那么，将引发现实社会在两个方向上的演化。一是带来物理世界和数字世界的深度融合。例如，通信的联结、能源的共享、交易的融合，以及随之产生的基础设施供应商、场景开发商、内容制造商等。二是人类在对于精神世界的探索。例如，探讨生命维度的意义和价值，探讨个人的自由和实现等。

这些想象就像是构建了一条现实世界和虚拟空间的通道，把物理世界和数字世界连在一起。无论是虚拟的毕业典礼，还是虚拟的演唱会，都是很新鲜的形式，带来了很不一样的体验。未来，像这样以数字身份参与数字世界的形式，很可能就是我们的日常生活。

这样的愿景仅仅是一些人基于商业发展的构想，还是他们真的看到了人类社会演化的下一个阶段呢？

无论如何，不可否认的是，在移动互联网用户红利已经见顶的今天，元宇宙概念的出现让人们看到了"下一代互联网"的曙光。社会各界（包括作为普通人的我们）对元宇宙的理解与思考，就像人类对于 VR 行业的展望一样，我们相信，虽然时间或早或晚，但该来的一定会来，所有的未来都值得期待。

（四）不可避免的超级玩家

未来，元宇宙的发展形态或许会是开放性和封闭性的完美融合。就像苹果和安卓可以共存一样，元宇宙领域不可能一家独大，但也不可能没有超级玩家。

超级玩家会在开放性和封闭性之间保持平衡，这种平衡有可能是自愿追求的，也有可能是国际组织或政府强制要求的。

因此，我们倾向于认为，未来的元宇宙会是一个开放与封闭体系共存，甚至可以局部连通、大宇宙和小宇宙相互嵌套、小宇宙有机会膨胀扩张、大宇宙有机会碰撞整合的宇宙，就像我们的真实宇宙一样。

其终局将由多个不同风格、不同领域的元宇宙组成更大的元宇宙，用户的身份和资产原生地跨元宇宙同步，人们的生活方式、生产模式和组织治理方式等被重构。

这个"全量版"元宇宙将会承载更大的商家价值，就中国市场而言，也许会出现新的超级玩家，同时新的创业公司也会在细分领域崭露头角、百花齐放。

新晋超级玩家暂且不谈，随着元宇宙概念成为几乎所有互联网头部企业公认的风口，被称为"元宇宙创造工具"的老牌超级玩家英伟达 Omniverse 平台受到了诸多关注。

实际上，几年前英伟达就开始构想数字虚拟世界，并且一直致力于将超算、智能计算及人工智能引入 2019 年就推出的实时 3D 设计协作工具 Omniverse 的操作中。英伟达认为，Omniverse 平台是其"占领"元宇宙的关键所在。

此观点一出，让英伟达想做"幕后超级玩家"的姿态尽显无遗。

早在 2021 年 4 月 GTC 峰会上，英伟达就玩了一出"偷梁换柱"。英伟达 CEO 黄仁勋在长达 1 小时 48 分钟的主题演讲中，有 14 秒是"数字替身"代为出席的。此外，黄仁旭身上的标志性皮衣、带壁炉的厨房及桌上的所有物件，都是通过软件技术渲染的仿真画面，就是这样以假乱真的 14 秒，时隔 3 个多月之久都没有人发现。

同年 8 月 12 日，英伟达在计算机图形学顶级会议 SIGGRAPH 2021 上承认了此前在 GTC 峰会上的"造假"事实。

尽管这个"数字替身"只出现了 14 秒，但要呈现如此逼真的效果，不仅需要花费大量的时间和成本，而且对技术、软件和硬件等方面都有很高的要求，这也展示英伟达在构建元宇宙上所具备的实力。英伟达曾租用一辆装载数百个数码相机的卡车，多角度拍摄数千张照片对黄仁勋进行 3D 建模；雇佣演员进行 8 小时的动作捕捉来模仿黄仁勋的演讲动作。

此外，被称为"工程师的元宇宙"的 Omniverse 平台也成为大家关注的焦点。英伟达希望借助数据计算能力和产业协调能力，打造更加接近现实世界的虚拟仿真环境，如 Omniverse 推出了多个为元宇宙量身定制的新功能。

相比于 Meta 打造的虚拟社交平台，英伟达的重点似乎是如何创建一个更加真实的元宇宙，在为开发者提供高效打造元宇宙的平台外，还拥有为实现元宇宙所需的硬实力。

接下来，让我们一起走进英伟达。

1993 年，曾在 AMD 公司及 LSI Logic 公司工作过的黄仁勋创立英伟达公司并兼任 CEO，联合 Sun 公司的两位年轻的工程师，旨在利用专用芯片加快电子游戏中 3D 图像的渲染速度，从而带来更加逼真的显示效果。当时，市场上已有 20 多家图形芯片公司，但黄仁勋仍然坚持自己的初衷。

1995 年，英伟达第一款产品——多功能芯片 NV1 诞生，因为功能太多最终导致性能低下，市场并不买单。英伟达因此举步维艰，据说当时仅剩的资金只能维持 30 天。好在有了日本世嘉公司的订单，英伟达"逃过一劫"。

在经历这次重创后，英伟达潜心摸索 3 年终于推出了业内最快的 GPU，受到了市场的追捧，在与台积电达建立合作伙伴关系后，甚至还加快了台积电的飞速成长。

1999 年，英伟达芯片的出货量达到 1000 万个，随后推出的新一代产品拿下 3D 系列性能王冠。这一年，营收突破 1.5 亿美元的英伟达顺利在纳斯达克上市。

2000 年 6 月，英伟达被评为"全球第一半导体公司"。同年 12 月，英伟达收购了显卡先驱 3DFX，正式成为行业老大。

2006 年，ATI 被 AMD 收购，AMD 成为一家同时拥有 CPU 与 GPU 研发能力的芯片公司；英特尔也终止了与英伟达的合作，在其芯片组中集成了 3D 图形加速器，此时英伟达的股价一度从 37 美元（约合人民币 290 元）跌到 6 美元（约合人民币 47 元）。

所谓天无绝人之路，2012 年，英伟达迎来了发展中最重要的转折点，"AlexNet"使用英伟达的 GPU 赢得了 ImageNet 竞赛，证明了 GPU 比 CPU 更适用于有许多并行计算的神经网络。

随后，人工智能研究开始转向 GPU 深度学习，2018 年，迅速发展的深度神经网络技术使得英伟达"一飞冲天"，成为人工智能领域的明星企业。

直到现在，GPU 仍是程序员、研究人员深度学习的重点，甚至是人工智能领域的标准配置。

总而言之，英伟达在技术突破上一直有着更高的追求，正如乔布斯所言，真正想做好软件体验的公司都会去做硬件。在整个市场都在对元宇宙无限畅想的时候，英伟达或许已经打好了地基。

如果到现在还有人觉得英伟达布局元宇宙是一种蹭热度的行为，那将错失一个新的时代，因为英伟达在元宇宙领域的布局已经是能力与魄力的体现，尤其是"三板斧"的加持，英伟达或将迎来继互联网之后的又一重要助推器。

第一板斧——元宇宙基础设施提供商："GPU 之父"。

根据统计机构 Jon Peddie Research（JPR）发布的《2021 年第三季度 GPU 市场数据统计报告》显示，从市场份额来看，AMD 的整体市场份额比上一季度增加了 1.40%，英特尔的市场份额比上一季度下降了 6.20%，英伟达的市场份额比上一季度增加了 4.86%。

但如果仅统计独立显卡市场，英伟达和 AMD 的市场份额与上一个季度持平，分别维持在 83% 和 17%。

如果只看独立显卡的话，英伟达无疑是绝对的王者，其桌面级 GPU 和移动级 GPU 占比在整个 GPU 市场里高达 15.2%，因此，英伟达的 GPU 市场占有率依然令人咂舌。

可能大部分人不知道的是，英伟达还是"GPU 之父"，他们在 1999 年 8 月启用了品牌 GeForce，同时推出了第一款 GPU 产品——NV10，即后来赫赫有名的"GeForce256"，这也是 20 多年后的今天，英伟达在 GPU 市场上的地位依旧难以撼动的原因。

GPU，简单来说是计算机的图形处理器，但在英伟达推出"GeForce256"之前，GPU 的功能包含在 CPU 的功能中，也就是所有计算和图像处理功能都在计算机的 CPU 中运行，因此效率极低。英伟达创新性地开发了图形专用处理器 GPU，从而开辟了一个新的赛道。

我们知道，元宇宙中充斥着各种图形创建和图像渲染，而创造一个虚拟世界意味着需要更多的画面来填充，而 GPU 正是用来处理画面的，因此，作为"GPU 之父"的英伟达占据了天时和地利。

最近，英伟达的 GeForce 显卡驱动迎来了一次更新，AI 重制经典游戏的功能引人关注，其中的一个新工具在不提升 GPU 负载的情况下可增强游戏画质，该技术被称为深度学习动态超分辨率——DLDSR。英伟达表示，可以使用它以比显示器本身支持的分辨率更高的分辨率运行大多数游戏，从而使游戏画质看起来更清晰。

可以说，英伟达在元宇宙领域将因过去 20 多年在 GPU 市场上的积累而迎来新一轮爆发。在第 24 届 Needham 年度增长大会上，英伟达的首席财务官 Colette Kress 说："贯穿整个 2021 年，我看到了市场对于 GeForce 显卡的需求依然保持着强劲增长，且超过了英伟达现有的整体供应能力"。

第二板斧——元宇宙的智能化：从超算到 AI。

如果说 GPU 是英伟达的王牌或支柱，那么，由此延展出的一系列产业助推这家企业走向更宽广阔的天地。

2022 年 1 月 25 日，Meta 联合英伟达正式推出全新的超算——AI 研究超级集群（Research Super Cluster，RSC）。据悉，这部超级计算机用于 AI 研究项目，一旦建成，将成为全球最快的计算机。

该项目的软件工程师舒布霍·森古普塔表示，有了这台超级计算机，可以更高效地训练人工智能模型，以理解信息内容，包括语言、图片和声音，甚至可以在数百种不同的语言环境中工作，并为使用不同语言的人群提供实时语音翻译，以满足未来在虚拟世界的交互需求，并为 VR/AR 游戏提供辅助。

这并不是 Meta 和英伟达第一次在 AI 计算方面的尝试。2017 年，他们合作推出首台超级计算机，其中一个集群中拥有 22000 个英伟达

V100 Tensor Core GPU，每天可以执行 35000 个训练作业。

早在 2011 年，美国橡树岭国家实验室（ORNL）下单构建了包含英伟达 Tesla 图像处理单元的超级计算机"泰坦"。橡树岭国家实验室曾是二战期间"曼哈顿计划"最重要的一环，目前归属于美国能源部，也是美国最重要的大型多学科研究实验室，反映了英伟达在超算领域的建树。

随着智能驾驶的流行，英伟达依托自身在 AI 领域的造"芯"能力，陆续推出专业化的产品和平台。例如，在汽车领域构建的"端到端"平台（NVIDIA DRIVE），该平台可以大规模开发自动驾驶汽车所需的一切，目前可以提供全面的汽车解决方案，包括但不限于 AI 基础构架（Drive Infrastructure）。

此外，2021 年 11 月，英伟达发布了当时全球最小、功能强大、能效最高的新一代 AI 超级计算机英伟达 Jetson AGX Orin，新的开发板套件搭载 Orin SoC，是英伟达面向汽车与边缘计算应用的新一代旗舰芯片，可用于机器人、自主机器、医疗器械等方面。

据估计，英伟达在智能驾驶的芯片市场占有率超过 7 成，剩下的一部分市场主要在特斯拉手中。目前，自动驾驶实验室里面进行模拟和演绎的芯片几乎全部源自英伟达，其垄断地位可见一斑。

或许在大部分人看来，英伟达在人工智能领域的建树有些夸张，甚至有一种"运气太好"的感慨，但历史告诉我们，取得这般成就的英伟达并非一时幸运，而是找准了方向，并且把握了潮流中的一点机遇，成为第一个"敢吃螃蟹的人"。

正是依托在 GPU、超算和 AI 方面的成就，英伟达才顺利推出了 Omniverse 平台，由此成为元宇宙的基础设施开发商。

第三板斧——元宇宙构建的终极法宝：Omniverse。

NVIDIA Omniverse 在 2020 年 10 月推出了首个测试版本，吸引了超过 17000 名客户进行测试体验，包括宝马、爱立信、沃尔沃、Adobe、Epic Games 在内的众多公司都与 Omniverse 合作。

2021 年 11 月，英伟达在 GTC 大会上正式推出了面向企业的实时仿真和协作平台 Omniverse，定位为"工程师的元宇宙"虚拟工作平台。

Omniverse 是一个易于扩展的开放式平台，即为虚拟协作和实时逼真模拟打造的开放式平台。简单来说，Omniverse 是主要用于创造虚拟空间的软件平台，可用来打造虚拟人、虚拟空间或其他 3D 建模产品（如汽车建模、机器 3D 构建等）。

借助 Omniverse 平台，设计师在制图、预览、生成视频时，不再需要切换于诸多软件之间，借助 Omniverse 即可完成多任务协作。

可以说，Omniverse 的效用就是为元宇宙的构建提供一个全球化的平台，任何个人或组织都可以通过该平台搭建属于自己的元宇宙，并共享全球范围内的技术，实现"创造同一个世界"的梦想。

按照 Omniverse 的预期计划，该平台可在工程施工、媒体娱乐、制造业、游戏开发等场景中应用。

正是凭借 Omniverse 的易用性和便捷性，自测试版本推出以来，Omniverse 已被 500 家公司的设计师下载了 7 万次，相较于全球超过 4000 万的 3D 设计师来说，该平台的市场容量似乎还有非常大的提升空间。

上文我们提到的黄仁勋在演讲时"消失"的 14 秒，其虚拟人的替身就是用 Omniverse 所创建，并由此带火了 Omniverse。

　　同时，在 GTC 大会上，英伟达还推出了垂直性的产品——Omniverse Avatar，这是一个用于生成交互式 AI 化身的技术平台，可迅速地让使用者构建 AI 化身（即虚拟人）。但与其他虚拟人构建平台不同的是，借助英伟达在 AI 领域的建树，其虚拟人的智能化远超其他竞争对手。

　　在 2022 国际消费电子展上，Omniverse Audio2Face 推出了一个新的功能，只需要一段声音就能让人物的 3D 面部模型动起来，大大减少了创作者的开发时间。

　　可以说，Omniverse 迎合了未来元宇宙的巨大潜力，要创造一个虚拟世界，我们还需要更多设计师和平台参与其中。而英伟达的巧妙在于，与 Meta 不同，其构建的不是元宇宙本身，而是创造元宇宙的工具。

　　正如黄仁勋所说，"我们是做技术基础设施的。"英伟达专注于构建虚拟世界的模拟引擎，以便每个公司都能使用它解决现实问题。英伟达仅仅提供应用平台和服务，引擎、算法、数学、计算机系统、硬件、系统软件等才是英伟达擅长的。

　　正是借助过去数十年的技术研究和商业扩展，英伟达一次次瞄准了未来，如今的 Omniverse 可谓构建元宇宙的"法宝"。相信随着产品的迭代更新，必然会吸引更多用户，这也是英伟达展现自身在元宇宙布局的雄心之所在。

　　既然元宇宙是未来的趋势，那么，元宇宙中也会有一些最基础、最普遍的需求，如元宇宙的虚拟世界需要大量的物理基础设施做支撑，包括存储、计算、网络传输等，同时需要大量的内容填充虚拟世界，这需要许多虚拟作图软件支持创作者构建内容。而这两个方向都有广阔的市场前景，任何一家公司要是能在其中获取一些市场份额，都能立于不败之地。而英伟达既在 GPU 芯片的硬件方面占有 80%以上的市场份额，又有专为虚拟协作和实时逼真模拟打造的开放式平台

Omniverse，其打造的黄仁勋的虚拟人和场景已经能够以假乱真。同时拥有硬件和软件优势的英伟达，能将硬件和软件结合起来共同研发，推出更先进的如 DSLL、光追等技术，达到"1+1>2"的效果。

所以，有着众多优势的英伟达入局元宇宙是顺应时代的发展，但更确切地说，这对他们来说又是理所应当的。我们也有理由相信，英伟达会在最契合他们优势的元宇宙领域迎来更大的发展，很可能在未来会成为元宇宙首屈一指的基础硬件提供商和场景打造服务商。

（五）元宇宙蛋糕店

2022 年 1 月，微软发布声明，将全现金收购全球三大传统游戏大厂之一的动视暴雪，交易价值达 687 亿美元（约合人民币 4357.6 亿元）。微软 CEO Satya Nadella 称，这是微软迈向元宇宙的一步。

同年 2 月，腾讯被曝将推出全新业务 XR（Extended Reality，即扩展现实），已经在内部开启招聘，从硬件设备切入，持续布局元宇宙。

头部企业在前赴后继入局，元宇宙概念带动的，到底是风口还是泡沫，还需时间来验证。但可以肯定的是，这一概念的确启发了诸多行业的从业者们对相关领域进行融合探索，尤其以 NFT、虚拟人物为代表，实现了快速的跨越。

这些探索进展如何？2022 年，元宇宙还"香"吗？笔者选取了元宇宙大火后被讨论最多的虚拟人物、社交、游戏、VR/AR 4 个赛道，分别从行业投资的角度带读者了解元宇宙这块甜美蛋糕的具体分配。

截至 2022 年年初，4 个赛道各自进展如何？

将 2021 年 3 月 10 日 Roblox 公司上市视为起点，一年多以来，4

个赛道仍然热度不减，且有愈演愈烈的架势。总体来看，入局虚拟人物、社交以中小型公司居多，游戏、VR/AR 则更受头部企业青睐。融资频率上，根据天眼查数据，游戏融资最多，社交、VR/AR 紧随其后，均超 150 次。其中，VR/AR 自 2021 年年底，面向 C 端的企业融资变多。在落地应用方面，不时有虚拟人物和社交类的产品推出，但 VR/AR 和游戏的新产品尚未见踪影。

首先，看虚拟人物赛道。2021 年下半年开始，虚拟人物集中涌现。例如，抖音上一夜爆红的虚拟美妆达人"柳夜熙"（见图 3-11），芒果 TV 推出的虚拟主持人"YAOYAO""小漾"，入职华为云的首个虚拟数字人物"云笙"，百度打造的首个国内银行虚拟员工等。

图 3-11 虚拟美妆达人"柳夜熙"

虚拟人物在"泛滥"，但专注虚拟人物相关的融资事件并不多。根据天眼查数据，2021 年 1—2 月，虚拟人物相关融资仅 32 次。其中，头部公司被争抢，打造过虚拟偶像"翎 Ling"的次世文化，半年内完成了 3 次融资。这与虚拟人赛道入局门槛低，但技术突破难有关，试水这一领域的多为跨行业公司。

再看社交赛道，引发探讨的产品多，但真正实现突破的少。目前，引发关注的产品大多把重点放在了"捏脸"功能，即打造用户的 3D 虚拟形象上。例如，大热过的社交 App 啫喱，在用户"捏脸"的服饰、动画上下了功夫；字节跳动正在内测的"派对岛"App，也采用了"3D虚拟形象+社交"的形式；腾讯的老牌社交产品 QQ 推出超级 QQ 秀，使用户可以自行选择虚拟人物的面部、五官、服饰等。以啫喱为例，一位社交赛道的创业者表示，啫喱把 3D 模拟技术应用社交中，但实际上在产品模式方面只做了少量探索，并没有实现跨越空间/时间的社交。

虚拟人物、社交赛道入门不难，所以能在短期内持续出现新产品，但因为技术上突破不大、创造力不够，这些产品后劲不足，在一段时间内引发关注，不久便归为沉寂。

最后看游戏、VR/AR 赛道。由于研发周期长，投入成本高，国内引发关注的新项目较少，两大赛道的热度正在分化。

最先抛出元宇宙概念的 *Roblox* 带火了沙盒游戏，各游戏厂商都在打造类似 *Roblox* 的产品。例如，游戏公司莉莉丝研发 UGC 创作平台达芬奇，昆仑万维旗下子公司 Opera 在海外推出了同类产品。

但从盈利角度来看，2004 年成立的 *Roblox* 一直处于"高增长、高亏损"的状态，2021 年第四季度成绩未达分析师预期，股价上涨130%，但 2022 年以来累计下跌 29%。一位游戏行业的分析师表示，沙盒游戏在中国的热度一直不算高，*Roblox* 在腾讯的加入、元宇宙两波概念下火热了两次，现在国内这一话题的热度依然存在。

坦白来说，现在大家对底层技术，尤其是能提升沉浸感的设备、引擎技术的关注度大大提升。而在监管的影响下，通过游戏切入元宇宙将面临更大的挑战。

VR/AR 是国内外头部企业最重视的赛道。在国内，腾讯加码 XR、字节跳动收购 Pico。国海证券研究所将国外头部企业动作进行了梳理，持续布局 VR/AR 业务的企业包括微软、苹果、索尼、Facebook、Microsoft 等，其中，微软、苹果更注重 AR 布局，Facebook、索尼更注重 VR 业务。

VR/AR 赛道融资热情持续高涨。根据天眼查数据，2021 年 1 月至 2022 年 2 月，国内 VR/AR 赛道融资高达 215 次，仅 2021 年 9 月就有 29 次。有报告指出，面向 C 端的 VR/AR 企业受到的关注度增加，消费级的 VR/AR 硬件设备竞相亮相，涵盖娱乐、教育、医疗、交通等诸多方面的应用。

然而资本的耐心是有限的。尽管探索需要时间，但为了争抢热度，抢先发布产品，很多创业者们都在和时间赛跑。

有的企业尽量压缩制作时间，而不追求技术。随着越来越多跨行业的公司试水，整体对虚拟人物的要求反而在降低。低质量的虚拟人物在短视频平台上泛滥，有的账号将真人脸生硬地替换为虚拟人物形象后就开始进行虚拟人物博主的运营。这样粗制滥造的虚拟人物，正在危害整个行业。

部分社交产品强调"捏脸"功能，其具备元宇宙所需的线上空间和场景感，但背后的瓶颈也颇为明显。好的内容是能传承、传递的，"捏脸"只具备传播属性。用户参与"捏脸"，但很快会厌倦。10 多年前就有能"捏脸"的 QQ 秀，但人们不会天天玩，这也是"捏脸"游戏、主打"捏脸"的社交平台在一段时间爆火，又迅速归为沉寂的原因。

有的企业则在盲目融合。以门槛最低、变现相对容易的虚拟人物为例。一个真正起飞的行业要有实际应用的产品、相对顺畅的生产流水线，以及明确的商业化模式，最后还要能控制 ROI（投资回报率）的扩张。照此标准，虚拟人物行业一项都还没有完成。像柳夜熙、阿喜、翎 Ling 这样前期投入大、能够真正通过品牌代言获利的虚拟人物在行业里屈指可数。

虽然市场良莠不齐，但丝毫不影响入局者的热情。

整体来看，判断一家公司是否属于元宇宙公司、能否有成绩，本质还是要看该公司是否利用新技术给用户社交、游戏等方面带来新的体验。市面上讨论的元宇宙产品很多是没有场景、不落地的，即其需求可以在互联网上完成，并没有提供增量价值。

2022 年，元宇宙的倾向赛道又是哪一条？

整体来看，游戏、VR/AR、虚拟人、社交 4 个赛道仍是受关注的重点，只是需要从业者具备充足的耐心，也要调低预期。在这样的客观环境下，需要从业者静下心钻研技术，走向更务实的选择。

与此同时，资本表现出对技术和创新的高度关注，如光学技术、图形学、人工智能等。这些是一直备受关注的领域，但亟须技术的突破。2022 年，应该寻找新的技术范式，如打造超写实的数字人物。国内外头部企业集中对 VR/AR、AI 技术的布局也是一大例证。

近期，还有一个与元宇宙有关的新科技概念"Web 3.0"火了起来。在这个新概念里，信息由用户发布、保管、不可追溯、不会被泄露、有明确的确权功能，随着数字货币、NFT、元宇宙概念大热受到关注，"Web 3.0"被认为是下一代互联网。

但其面临的问题和加密货币相似，即高度依赖区块链技术，存在极大的监管风险。马斯克曾公开表示,"Web 3.0"需要长时间摸索,当前的鼓吹者都是为了圈钱和炒作。但这并不影响资本前赴后继,不止一位投资人提到,正密切关注"Web 3.0"项目,即使知道背后面临的风险。有行业人士感叹,这与当下互联网行业太缺乏新标的有关。

因此,元宇宙这块大蛋糕到底要怎么切、如何分配、如何下口,又要辅以何种配品及餐具,乾坤未定之前,一切皆有可能。

(六)多场景编织下的美好世界

我们现在可以想象的是,随着元宇宙概念的发展和渗透,沉浸式虚拟内容(如游戏、卡通等)与沉浸式实体内容(如媒体、社交、影视等)的融合程度将会越来越高,基于 VR/AR 等设备的创作者成果将以立体化的方式呈现,市场对动画艺术家、三维角色绑定师、特效设计师,以及艺术与科学相结合的复合型人才的需求也将加速释放。而创意工作者们丰富的内容生产将进一步吸引用户参与体验甚至参与创作,使"小场景"演变成"大宇宙",最终呈现下一代互联网和媒体融合的形式,并给予用户最佳的沉浸式体验。

不可否认的是,未来媒介的进化逻辑将会朝着"人的连接"的迭代、重组与升维——从场景时代到元宇宙再到"心世界"。

目前,互联网界对于元宇宙的共识:元宇宙是从互联网进化而来的,是由线上、线下很多个平台打通组成的一种新的经济、社会和文明系统。例如,《头号玩家》中的主角会在"绿洲"里线上买装备,线下收货;无数人线下挣钱就为了买线上的装备,更有人在"绿洲"里为 IOI 公司线上打工挣钱等,都是比较典型的元宇宙作为"新的经济、社会和文明形态"的特征。

　　长期研究元宇宙的风险投资家 Matthew Ball 提出了决定元宇宙的几个关键特征。第一，元宇宙必须跨越物理世界和虚拟世界。第二，形成一个完全成熟的经济体。第三，提供"前所未有的交互性"，即用户通过创建的虚拟形象在元宇宙中实现与现实相近的交互体验。第四，元宇宙将由不同的参与者以去中心化的方式运营，而不归属于某个公司。扎克伯格认为，元宇宙必须具有互通性和可移植性，并表示："你有自己的虚拟化身及虚拟物品，可以瞬间移动到任何地方，而不是被困在某家公司的产品中。"像 W3C 万维网标准协议一样，元宇宙需要构建一个通用的协议，使每家公司在共同且互通的宇宙进行开发。元宇宙的关键特征如图 3-12 所示。

图 3-12　元宇宙的关键特征

　　具体地说，元宇宙是一个虚拟与现实高度互通且由闭环经济体构造的开源平台。尽管目前对于元宇宙的最终形态还没有定论及详尽的描述，但人们公认元宇宙具有四大核心属性。

第一，与现实世界的同步性与高拟真度。虚拟世界与现实世界保持高度的同步和互通，交互效果逼近真实。具有同步性和高拟真度的虚拟世界是元宇宙构成的基础条件，意味着现实社会中发生的一切事件将同步于虚拟世界，同时用户在虚拟世界进行交互时能得到近乎真实的反馈信息。

第二，开源开放与创新创造。开源开放是指技术开源和平台开源，元宇宙通过制定标准和协议，将代码进行不同程度的封装和模块化。不同需求的用户都可以在元宇宙进行自主创新和创造，构建原创的虚拟世界，不断拓展元宇宙边界。

第三，永续发展。元宇宙平台的建设和发展不会暂停或结束，而是以开源开放的方式运行并无限期地持续发展。

第四，拥有闭环运行的经济系统。在元宇宙中，用户的生产和工作活动的价值将以平台统一的货币形式被确认和确权，用户可以使用这一货币在元宇宙内消费，也可以通过一定比例兑换为现实生活中的法定货币。毫无疑问，拥有闭环运行的经济系统是驱动和保障元宇宙不断变化和发展的原动力。

总之，基于互联网的发展和技术的迭代，元宇宙通过沉浸感、参与度、永续性等特性的升级，激发多元主体采用独立工具、平台、基础设施、各主体间的协同协议等支持自身运行与发展。而随着 VR、AR、5G、云计算等技术成熟度的提升，元宇宙有望逐步从概念走向现实。

元宇宙问题的提出引发了我们对于传播领域的核心概念（媒介及新媒介）的深层思考。如何定义媒介，如何理解新媒介之"新"，其更新迭代的深层逻辑是什么？可以说，对于媒介的本质理解决定了我们对于传播，尤其是未来传播的预见性。

媒介（Media）一词来源于拉丁语"Medius"，意为两者之间。媒介是信息传播的组织形式，指人类社会一切用来传递信息与获取信息的工具、渠道、载体、中介物、技术手段及其所有形式。

如何理解新媒介之"新"呢？正如麦克卢汉[①]所言："新媒介是一个进化的过程，它为人类打开了通向感知和新型活动领域的大门。"也就是说，任何媒介技术的升级换代，其实就是人类社会中社会关系的再造及基于这种社会关系再造的资源再分配。显然，新媒介（New Media）的本质不是指具体的工具实体在实践序列上的先与后，而是每一次传播技术改进或革命所带来的社会联结方式的改变与拓展。新媒介之"新"，本质上是看它是否为人类社会的连接提供新的方式、新的尺度和新的标准。由此，使人们能够探索更多的实践空间，能拥有更多的资源和更多的领地，从而展示和安放人们的价值、个性及生活的样态。

由于信息技术的革命，传播媒介的迭代也在以更高、更快、更强、更聚合的方式进行。在"万物皆媒"的时代，媒介正在由传递信息的工具转向关系的纽带。媒介的形式外延被大大拓展，任何一个客观存在于人们周围的"物"（一张餐桌、一个教育系统、一杯咖啡、一间图书馆的阅览室、一个油墨盒、一台打字机、一套集成电路、一场会议）都可能传达信息，但它们并不是自然而然地成为媒介的，它们成为媒介的关键是其所关联的社会要素对于该场景下人的重要与必要程度，以及这个人基于这种关系认知与感觉基础上的决策。媒介就不再只由媒介机构和媒介实体来定义，而是由媒介使用者基于关系的认知而界

---

① 马歇尔·麦克卢汉（Marshall McLuhan，1911—1980），20 世纪原创媒介理论家。主要著作有《机器新娘》（1951 年）和《理解媒介》（1964 年）。本书中简称麦克卢汉。

定。什么能够以更高、更快、更强、更聚合的方式来帮助人们认知和定义这些关系的价值及重要性、紧迫性呢？显然，基于数据与人工智能处理的算法恰好能将所有这些内/外部关系关联起来，进行重要性和必要性评价，并提供这种可供性给予特定场景中的人选择与决策的中介物（即媒介），由此，我们说"算法即媒介"，这是未来媒介的基本形式。

换言之，在信息技术革命带来的"万物互联、万物皆媒"的新传播图景下，媒介发生着系统性的形式变迁，从有限输入源、有限时空选择、有限内容，到无限渠道、无时无刻、无限内容，加之个体化框架的内置，构成了一个生态级的复杂系统，使得传统意义上将媒介看作是信息传递工具的认知范式已丧失解释力。媒介天然是一种居间性的概念，这种关系联结属性随着技术的发展逐渐成为最关键的媒介形式逻辑。而构成智能时代基础设施的算法则成为一种更高意义上的媒介，它通过判断架构连接、匹配与调适价值关系，从而形塑认知、建构关系、整合社会。把算法理解为一种媒介，不仅为解读算法的社会性提供了有益视角，而且高度概括了新传播图景下媒介运作的核心逻辑在于价值关系联结，对把握未来传播中主流媒介的建设路径具有重要的启示意义。

场景时代是媒介作为"人的关系连接"在现实世界的最高形式。当互联网发展的"上半场"完成了随时随地与任何人的连接之后，互联网的"下半场"要解决的问题在于，人们要在随时随地进行任何信息交流的基础上，进一步实现在任何场景下"做事"（将几乎所有在线下所做的事转移至线上，并且更有效率、更加精彩、更具想象力地实现）的突破。这就是已经成为人们普遍认知的互联网发展的下一站——场景时代。

关于场景理论，最具贡献的学者是梅罗维茨①和斯考伯②等人。梅罗维茨突破了戈夫曼所理解的场景就是教堂、咖啡馆、诊室等物理隔离地点的空间概念，积极导入了"信息获取模式"概念，即一种由媒介信息所营造的行为与心理的环境氛围。这不是一种空间性的指向，而是一种感觉区域。梅罗维茨区分了"作为文化环境"的媒介场景与"作为内容"的具体场景，同时提出，互联网时代的场景应该是基于移动设备、社交媒体、大数据、传感器和定位系统提供的一种应用技术，以及由此营造的一种在场感。斯考伯等人的研究是场景理论的又一次发展。斯考伯对场景的定义，同时涵盖了基于空间的"硬要素"和基于行为与心理的"软要素"，这种具体的、可体验的复合场景，与移动时代媒体的传播本质相契合，更加强调了人作为媒介与社会的连接地位。在碎片化的移动互联网时代，用户更加需要的是"以人为中心、以场景为单位"的更及时、更精准的连接体验。通俗来讲，互联网要满足每个用户在不同场景下的个性化需求。那么，随着智能终端、社交软件、大数据分析、地图（定位系统）、传感设备 5 个要素的不断普及，用户更高层次的需求将成为可能。互联网公司通过在线下大规模部署传感设备，当用户携带智能终端进入该区域，智能终端和传感设备将相互感应，"用户进入什么样的场景""用户在场景里面的行为"都会被数据化。通过长时间的大数据积累和分析，互联网公司就会知道不同用户的行为习惯。当越来越多的信息与服务依赖场景时，场景

---

① 梅罗维茨认为，在现代社会，媒介的变化必然导致社会环境的变化，而社会环境的变化又必然导致人类行为的变化。其中，电子传播媒介对社会变化所产生的影响令人瞩目，因为电子传播媒介能更有效地重新组织社会环境和削弱自然环境及物质"场所"间一贯密切的联系。

② 罗伯特·斯考伯协助微软主持第九频道（Channel 9）网站，他本人从 2000 年开始搭建个人博客，并在几周内被邀参加史蒂芬·沃兹尼克的超级碗舞会（苹果电脑的发明人和共同创始人），每年点阅的读者超过 350 万人。

也就成为信息、关系与服务的核心逻辑，并成为上述要素连接的纽带，进而成为新入口。

显然，我们即将走出"唾手可得的信息时代"，进入"基于场景的服务时代"。在这个"永远在线"的社会里，场景时代的大门已经开启，未来的每一个人、每个产业以至于每一种社会的存在形式都会被场景时代深刻地影响与改变。即以场景服务和场景分享为人的社会连接的基本范式，可以实现人以在场的方式参与任意的现实实践中，这是媒介作为"人的关系连接"在现实世界的最高形式。

媒介进化的本质是帮助人们不断打破既有的限制，将人体延伸的自由度不断沿着"向外"和"向内"两个方向突破。

随着场景的分享与开发，人类获得了在现实世界中随时随地展开自己丰富多彩的社会活动的极大自由度。那么，人类通过媒介的"延伸"，下一步领域开拓与边界突破在哪里？没错，就是元宇宙！

元宇宙作为一种未来媒介的形式，帮助人类打破既有的社会性实践疆界的突破。或者说，这种"小场景"到"大宇宙"的阶段性转变体现在以下两个方面。

一方面，元宇宙突破了现实世界的限制，人们可以有选择性地自由出入不受现实因素限制的虚拟空间。一个人出生的年代、国家、家庭、职业、年龄、性别等都可以"重新"选择，并按照自己选定的角色展开一重甚至多重虚拟空间中的生命体验，并实现价值创造。这是对于人类受困于现实世界的一种巨大解放，并且其生命的体验空间得到了近乎无限的拓展，而人的内在特质、个性与能力也可以在这种全然不同的世界里得以释放和实现。

另一方面，元宇宙将实现人类在虚拟世界中感官的全方位连接。

目前，互联网技术只是实现了部分信息流的线上化，在虚拟世界的连接中，人类感官中的听觉与视觉率先实现了突破，而嗅觉、味觉及触觉等感官效应还只能在线下得以实现和满足。而元宇宙在未来发展中的一个关键维度上的突破就是致力于实现对于人的嗅觉、味觉及触觉等感官效应的线上化实现。虽然实现这些突破还有很长的路要走，但当人的感官全方位地实现线上化时，元宇宙作为人类生活的全新空间的魅力将全方位地超越现实世界。

有关"元宇宙将是互联网发展的终极形态"的讨论热度居高不下。"对外"的方面，这可能是对的。因为元宇宙通过无限丰富的虚拟世界的创造，几乎满足了人类社会实践中所有"对外"延伸的想象力需求。"对内"的方面，人体及人的心智本身也是一个"大宇宙"，对其选择性的重组和再造会不会成为未来媒介发展的一个重要的方向呢？答案是肯定的。

这个问题首先要从一个哲学问题开始：人是什么？亚里士多德说人是理性的动物，而现代认知科学的回答是人是一种会建模的动物，近年来，脑科学的研究发现不断为这个观点提供坚实的证据。那么，模型又是什么呢？模型是大脑对现实世界的映射，是现实世界的缩影。这些缩影虽不是现实世界的再现，但包含现实世界的关键特征。例如，小孩子玩的轿车就是一个真实的世界模型，它虽然与开着上路的汽车不同，但却包含着汽车的关键特征：4个轮子、门、窗和前后灯。人的大脑以神经元的方式保存着这些汽车的模型。而人的认知是指从外界感知信息，基于这些信息和信息的加工建立心智模型，并使用这些心智模型做出判断和决策。简而言之，人的认知就是构建和操作心智模型。人跟动物最大的区别是反事实思考——思考没有感知、没有发生的事，反事实思考就是构建模型。因此，人是具有想象能力的，会构建模型的动物——想象大于事实，心智模型大于现实世界。因此，也就有了我们熟知的"三个世界，三种模型"的理论。

小场景很小，大宇宙很大，人类孕育其中，注定成为这一虚拟时代的见证者。

四
Chapter 4
迈向元宇宙时代

（一）元宇宙离我们还有多远

元宇宙那么厉害，我们以后是要穿越进去吗？

当然不是，大部分的穿越行为不构成进入元宇宙的手段。人手一台时光机的成本先不提，穿来穿去恐怕会使混乱的时间线难以收束。

这样一来，元宇宙的概念就相对清晰了。元宇宙在时间上是真实的，在空间上是虚拟的，在时间和空间两个维度都和现实世界处于平行状态。人类则以某种意识"映射"的方式进入、存在和生活于元宇宙之中。

假设我们所在的地球是一个元宇宙，现实世界里的人类正无知觉地躺在蜂巢一样的培养皿中——这便是《黑客帝国》的场景。相比之下，《头号玩家》里的"绿洲"让我们更愿意接受：没有生老病死的顾虑，大不了再重新注册一个账号。

所以我们完全可以认为，元宇宙玩家可以在多个世界来去自如，自愿选择待在自己认为更有趣的地方。

上升到哲学高度，元宇宙实际上回答了"我是谁，从哪来，到哪去"的终极命题。思想是人类最珍贵的东西，无论多么伟大的造梦师，其职业生涯都是从一场梦开始。元宇宙虽然还很遥远，但依然有很多理论可以未雨绸缪。

如果元宇宙比现实世界更有趣，是否会对人类社会的正常运行造成致命打击？如果只维持大脑活动就可以在元宇宙中生存，是否意味着长生不老得以实现？如果未来真的出现容纳大部分人类的元宇宙，那其中的生产和生活是去中心化，还是依然要接受领导？

在解决这些问题之前，先来看一下，为什么要有元宇宙？

并非所有人都向往星辰大海，但从自然规律来说，人类别无选择。

热力学第二定律告诉我们，万事万物都遵守熵增原则，永无止境地从低熵有序向高熵无序的状态演化。

若把行业发展和竞争比作船只航行，刚开始，所有的船在一片蓝海中齐头并进，随着空间渐渐拥挤，只能有一艘或者两艘从残酷竞争中生存下来的大船才能继续远航。然而大船也终会失去前进的动力，这时除非顺利驶进更广阔的大洋（如技术革命），否则只能缩小船体或拆毁重来（如反垄断）。

明白了这一点，我们就知道世界上最好的投资是什么了。

人类一边大举扩张，一边依靠发达的科技避免了旱涝、地震和台风带来的灭顶之灾，导致地球不可逆的混乱、衰退和恶化正在加速发生。低碳、环保、新能源和人工智能只是权宜之计，人类只能向着更广阔的远方拓展生存边界。有人向着月球和火星航行，有人则寄希望于在互联网中扩充虚拟世界——元宇宙。

如此我们便可以得出结论：元宇宙并不是逃避现实的乌托邦，而是人类社会自救的方舟。

试着回想一下，我们曾错过多少激动人心的时刻：PC 普及到千家万户之前，比尔·盖茨已经成了世界首富；大家纷纷换上智能手机时，苹果市值悄然超越微软位列美股第一；当新能源车刚刚吹响革命号角时，特斯拉股价一骑绝尘。

人类从经济、政治、社会和文化全方位向元宇宙迁徙，几乎是写在《死海古卷》上的最终预言。这也许是我们此生仅有的机会。但在试图抢占先机之前，有个问题必须先弄清楚：元宇宙离我们还有多远？

试着畅想：人们在现实世界穿着破洞的袜子，元宇宙的背包里却放着几百套高定礼服；现实容身之处不足一平方米，登录元宇宙，立刻就能飞天遁地。

新冠肺炎疫情封印了人们的脚步，却点燃了社会各界对元宇宙空前的热情。无论手中拿着锤子还是梯子，只要说是来造船的，就能得到无差别的欢呼。至于这艘船究竟造到哪一步，从构成上说，首先来看"游戏"本体。

Roblox 是最惹人注目的元宇宙概念股，其商业模式是为玩家提供创作游戏并交易的平台。目前，*Roblox* 上的游戏超过 4000 万款，并以每天 5 万多款的速度增加。

Roblox 的成功之处是在游戏内提供了生产力。投入人力、物力最多的 3A 大作游玩时长也不过几百小时，但当玩家自发生产内容并从中获得收益时，玩家热情和游戏广度就会形成正向循环，就像微信在文字时代做到的那样。

这不免让人想到十几年前，冰蛙[1]在《魔兽争霸 III》（见图 4-1）中用地图编辑器做出《DOTA》（见图 4-2）。可惜那时暴雪没认识到，

———————————

[1] 冰蛙（IceFrog）是《DOTA》地图开发者之一。

这会成为元宇宙的雏形。

图 4-1　《魔兽争霸 III》

图 4-2　《DOTA》

在北美最受欢迎的游戏之一《堡垒之夜》中，玩家可以收看 Travis Scott 的虚拟演唱会，还能看到《星球大战》最新片段的全球首映。

想象一下，如果在《堡垒之夜》里能做的事情越来越多，玩家为何还需要安装别的游戏、视频或社交软件？

换句话说，元宇宙是互联网的终极形态。

将"玩家控制角色"变成元宇宙中"玩家成为角色"，就需要硬件方面的提升了，当 VR 设备参数达到 16K 之后，人眼将察觉不到纱窗效应①，实现完全沉浸感。

虽然市面上的 VR 设备最高只能支持 4K，但以苹果在硬件领域的地位，人们对苹果即将推出的首款 VR 设备充满期待。iVR 是否会像 iPhone 一样对行业产生颠覆性效果仍未可知，不过对它的预期已经在苹果产业链相关标的涨幅中有所体现。扎克伯格也在大举押注 VR。不久前，Facebook 通过 Horizon 展示的虚拟会议室功能让人振奋。这款产品正在封测，还未正式推出。微软和英伟达则对 AR 技术更感兴趣。最后，千万别忘了马斯克。虽然他一心想着去火星，但也没忘了同时推进脑机接口技术——Neuralink 的神经链芯片已经能让猴子用意念打乒乓球了。

全球最顶尖的科技企业都在大展拳脚，国内的头部企业当然不会缺席。

腾讯依然稳扎稳打，已经投资 40 多家游戏公司。这还不包括对 Roblox 公司和 Epic Games 公司的押注——后者开发的虚幻 5 引擎正在为游戏创作电影精度模型提供底层工具。字节跳动更有的放矢，软件上，投资 1 亿元的元宇宙游戏《重启世界》（见图 4-3）已经上线；硬件上，花费 90 亿收购 VR 公司 Pico。

图 4-3　元宇宙游戏《重启世界》

---

① 纱窗效应：由于 VR 设备的分辨率不足，人眼会直接看到显示屏的像素点，就像隔着纱窗看东西一样。

2021 年，一级市场和二级市场都在争相抢购通往元宇宙的船票，用万亿赛道来形容是不准确的：就像量子力学一样，芯片、新能源、5G、云计算、AI、VR、AR 等未来技术和产业，正在元宇宙的引力作用下逐渐实现统一。

（二）元宇宙的应用挑战

在介绍元宇宙的技术应用之前，我们首先应该了解元宇宙的 3 个特征。

特征一：多技术。元宇宙集成了各种新技术，提供了一种身临其境的体验，利用数字孪生技术生成现实世界的镜像，构建了一个基于区块链技术的经济系统。

特征二：社会性。元宇宙是一种新型的社会形式，包括经济系统、文化系统和法律系统，它们与现实紧密相关，但又有自己的特点。

特征三：超时空性。元宇宙打破了时间和空间的界限，为用户提供了一个开放、免费的环境数据库，以及用户之间共享的经验，这与网络和通信密不可分。第五代移动通信技术（5G）和第六代移动通信技术（6G）是元宇宙的通信基础。5G 具有高速、低延迟、低功耗、万物互联等优点，使元宇宙的实现成为可能。6G 将打破时间和虚拟现实的限制，将服务对象从人、机器和现实世界中的事物，扩展到现实世界中的环境。通过连接现实世界和虚拟世界，实现"人-机-物-环境"之间的协作，为元宇宙提供网络基础。

在 5G 和 6G 网络环境下，量子通信保证了元宇宙中通信的安全性。Chowdhury 等人基于量子不可克隆原理和不确定性原理提出，应用量子密钥保证量子通信的高安全性。此外，由于量子位的叠加特性，量子通信提高了整体的安全性。

此外，物联网（IoT）在元宇宙的网络基础设施中扮演着至关重要的角色。物联网感应为用户提供了一个完全真实的、持久的、平滑的交互体验，将元宇宙和现实世界连接起来。然而，这一点仍然存在瓶颈。其中一个瓶颈是数据和有限的传感资源之间的不平衡。为了解决这个问题，Shi F.等人提出了选择性知觉的解决方案。另一个瓶颈是传感器/执行器性能差。为了解决这个问题，Ning H.等提出，纳米技术有能力改善传感器/执行器的性能（更高的灵敏度和选择性、更短的响应时间和更长的使用寿命）。因此，纳米材料（如石墨烯、纳米线等）的应用在元宇宙传感和通信领域有广阔的应用前景。

建造元宇宙需要一个强大的计算系统，目前的计算能力架构还不能满足元宇宙低门槛和经验密集型的要求。然而，云计算、边缘计算和其他计算范式能够在一定程度上促进计算能力的发展，并成为元宇宙的主要基础设施。

元宇宙的构建面临以下九大挑战。

挑战一：基本管理技术。

元宇宙的基本管理技术为现实世界和虚拟世界的连接和融合提供必要的环境，主要包括能量管理技术、资源管理技术和会话管理技术。

能源管理技术首要考虑的是元宇宙架构和设施的电能消耗。许多学者已经提出了能源监测的方法。例如，Krishnamoorthy R.等人提出了基于物联网监测负荷消耗和有效节约能源的方法；Bedi 等人开发了Elman 递归神经网络模型和指数功率预测模型，以减少功率损失和节约成本。元宇宙的中长期发展需要寻找更稳定和可持续的能源，能源的可持续性不仅是元宇宙的核心约束，而且是一个投资机会。

在元宇宙的资源管理技术背景下，一个亟待解决的问题是如何有效地发现和分配资源（资源管理）。Nunes 等人提出了一种基于消除选择的资源搜索和发现算法，解决了异构环境下的资源搜索和发现问题；Moorthy R. S.等人提出了一种基于正弦/余弦优化算法的云资源发现机制；Han Y.等人提出了一个动态资源分配框架，以使元交叉与物联网服务和数据同步。

会话管理技术是对异构网络中无处不在的资源和资源用户之间交互的管理技术。在元宇宙环境中，管理具有动态特征的持久交互非常重要，特别是对于与多个资源用户的会话。此外，会话的实时性可以增加用户的沉浸式体验。K.Y. Park 等人讨论了如何在 5G 无线网络环境中实现用户的高性能会话管理。此外，元宇宙还应该防止会话受到攻击。Nadar V. M.等人研究了针对破坏性身份验证和会话管理攻击的防御方法；Marlinspike M.等人开发了芝麻算法来加密异步消息，并在会话期间提高安全性。

挑战二：基本通用科技。

元宇宙的基本通用技术包括人工智能算法、时空一致性、用户数据的安全性和隐私性。

人工智能算法（如机器学习、深度学习、强化学习等）是开启虚拟世界和现实世界之间连接的钥匙。人工智能的 3 个要素是数据、算法和计算能力，在元宇宙的建立和发展中起着至关重要的作用。利用计算机视觉、智能语音、自然语言处理和其他技术，用户可以具有与现实世界相同的感官感受。

时空一致性是元宇宙最基本的特征。元宇宙的最终形式是现实人类社会的平行数字时空连续体，因此，一致的时空数据对于现实世界和元宇宙之间的映射至关重要。Atluri G.等人探索了时空数据挖掘。

此外，还有必要研究时空一致性方法，如时间同步、目标定位、时间配准和空间配准。

用户数据的安全性和隐私性是现实世界中最大的问题之一。随着元宇宙的出现，收集个人数据的数量和丰富程度是前所未有的。未来，很可能会有多家公司/机构合作建立一个或多个元宇宙，因此，如何与公司/机构协调数据，如何在不同元宇宙进行数据交互，以确保元宇宙的隐私和安全是亟须解决的问题。

挑战三：虚拟现实对象连接。

物理世界和数字世界的衔接与身份建模、社会计算、分散处理技术等的支持密不可分。

元宇宙可以简单地理解为一个与现实世界平行的网络世界。正如现实世界一样，进入元宇宙的个人需要身份凭证，而不管它是否与真实身份相关、采用何种身份建模技术满足需求。身份建模和身份寻址用于连接现实世界和元宇宙，将是元宇宙时代一个非常重要的研究领域。

元宇宙用户离不开社会计算。元宇宙的出现不是用虚拟的社会关系取代真实的社会关系，而是带来一种新型的在线和离线整合的社会关系。社会计算通过研究人类行为和社会关系来预测元宇宙的运行规律和未来发展趋势。此外，它更容易收集用户的位置、年龄、偏好和其他信息，在元宇宙做出详细评估。

元宇宙需要分散处理技术赋能，以确保其安全。分散处理技术包括区块链、分布式存储、分布式计算等技术。区块链技术是元宇宙中最典型的分散处理技术。

通过虚拟现实的整合，元宇宙将深刻地改变现有社会的组织和运作方式。为实现虚拟世界和现实世界的空间融合，AR/VR/MR 技术、全息影像技术脑机接口技术和视频游戏技术是必不可少的。

AR/VR/MR 技术是元宇宙建设的技术支柱之一。增强现实（AR）通过设备识别和评估，将虚拟信息覆盖在被检测对象（二维、三维、GPS、体感、人脸等）的位置上，并将其显示在设备屏幕上，实现虚拟信息的实时交互。虚拟现实（VR）为用户提供了身临其境的体验，让他们感觉自己置身于现实世界中。混合现实（MR）是一个新的可视化环境，结合了现实和虚拟世界。在新的可视化环境中，物理对象和数字对象共存并实时交互。AR/VR/MR 之间的界限将在未来变得模糊，成为一个融合产品。

全息影像技术（见图 4-4）是一种记录和再现技术，通过光学手段呈现物体的真实三维图像，是计算机技术和电子成像技术相结合的产物。全息影像技术利用相干光干涉记录光波的振幅信息和相位信息，获取物体的形状、大小等全部信息。全息影像是一个真正的三维影像，用户不需要佩戴便携设备就可以用肉眼从不同角度观看。随着技术的发展，物理世界和虚拟世界之间的界限变得模糊，这将为真正实现元宇宙打下坚实的基础。

图 4-4　全息影像技术

脑机接口（Brain-Computer Interface，BCI）通过准确识别脑信号，对脑活动过程中的脑信号进行编码和解码，供用户进行游戏、打字等操作。脑机接口通过将单个大脑信号解码为计算设备识别的命令，连接人类神经世界与外部物理世界，从而实现虚拟世界与现实世界的空间融合。Abiri R.等人回顾了基于 EEG（脑电波）的 BCI 方法，目前，还在研究基于人工智能技术的脑机接口，以加快脑机接口的发展，为元宇宙的空间融合奠定基础。

视频游戏技术是展示元宇宙最直观的方式，不仅可以为元宇宙提供创造性的平台，而且可以实现交互内容和社交场景的聚合。游戏引擎是视频游戏技术的核心，指一些可编辑的计算机游戏系统或一些实时交互式图像应用程序的核心组件。游戏引擎的出现降低了游戏设计者和开发者的难度，使其不需要从最基本的代码开始。

元宇宙的出现将把传统的社交网络转变为互动的、沉浸式 3D 虚拟社交世界。

社交网络和虚拟现实的融合使虚拟社交世界得以实现。3D 沉浸式环境将传统的、面向内容的社交网络扩展为完全互动的社交模拟。在虚拟社交世界中，用户通过化身进行导航，并与其他用户进行社交互动。用户可以在不同的虚拟社交世界间传送、参与活动，甚至交易。虚拟社交世界必须满足以下 4 个设计要求。

一是现实主义，要求用户在虚拟社交世界中感受到情感的沉浸。二是 Ubiquity[①]，要求虚拟社交世界可以通过任何设备，在任何地点访问，并且在虚拟社交世界的过渡期间，用户的虚拟身份或网络角色保

---

① Ubiquity 是一个由 Mozilla Labs 于 2008 年 8 月 26 日推出的 Firefox 附加组件。Ubiquity 是利用各种网络服务提供的 API（应用程序编程接口），将用户进行的各项工作集成在一起，从而简化用户的操作。

持连接。三是互操作性，即虚拟社交世界使用标准的能力。这些标准允许用户在元宇宙中的不同虚拟位置无缝传送或移动，而不会使沉浸式体验中断。四是可伸缩性，即虚拟社交世界管理计算的能力。该能力使大量用户可以同时在元宇宙中进行社交互动。

挑战四：虚拟社交世界中的社交隐私。

元宇宙中的数字足迹可以被追踪，以揭示用户的现实世界身份及其他敏感信息（如位置、购物偏好、财务细节）。

隐私的重要性在塑造虚拟社交世界中有至关重要的作用。在传统的社交世界中，应用隐私保护方案要容易得多，因为用户可以决定与谁分享他们的社交媒体内容。一方面，这种隐私控制在虚拟社交世界中是不可能的，因为用户不能改变虚拟社交世界的虚拟属性，这使得用户的隐私保护极富挑战性。例如，如果你正在元宇宙中浏览一个购物中心，一个数字化身跟踪你的数字化身并记录你购买的所有物品及旅行历史，这些信息可以被用以社交工程攻击，从而侵犯你在现实世界中的隐私。另一方面，与传统社交世界不同的是，在虚拟社交世界中，我们不能屏蔽那些关注我们的用户。例如，你希望在自己家中拥有和在现实世界中一样多的隐私。然而，目前的虚拟社交世界允许其他数字化身在地图上自由导航，包括你的房子，而且你不能报警。尽管这已经是一种隐私入侵，但你无从阻止，甚至无法感知到这一行为的发生。

针对元宇宙中的隐私侵犯问题，提出的解决方案之一是社交克隆。这涉及在元宇宙中创建每个用户的多个克隆，以迷惑那些试图在元宇宙中跟踪个人的攻击者。这样的隐私保护计划可能会解决一些问题，但会产生一个更大的问题——因为它允许用户在元宇宙中拥有多种表现形式，更不用说在元宇宙中漫游的数百万个克隆。其他隐私保护方案包括定期改变头像的外观，使攻击者更难以攻击特定的个人，从而伪装用户；在被跟踪时，让头像暂时隐形等。Falchuk 提出一个隐私方案，将各种隐私技术结合起来，如虚拟克隆、私有拷贝、人体模型、阿凡达锁定，以及阿凡达伪装、传送和隐形。还有一些研究者认为，隐私权的国家管辖权也应适用于元宇宙，特别是在社会关系方面的元宇宙。

元宇宙与现实世界紧密相连，与现实身份相对应。作为新一代网络的建设，元宇宙必须充分考虑数据隐私保护问题，就像之前的网络环境一样。

挑战五：公开问题与互动问题。

作为虚拟世界和现实世界之间的媒介，元宇宙的交互技术需要具备互动装置重量轻、使用方便、可穿戴、便于携带等特点。

现有的交互技术包括 XR 技术、躯体感觉技术和脑机接口技术。XR 技术是指由计算机技术和可穿戴设备产生的人机交互环境的组合。XR 技术作为融合虚拟世界和现实世界的沉浸式技术的通用术语，包括虚拟现实（VR）技术、扩增实境（AR）技术、混合现实（MR）技术，以及随着技术进步可能出现的其他新的沉浸式技术。躯体感觉技术是指人们直接与自身身体运动和周边设备或环境互动，而不需要使用任何复杂的控制设备，并允许人们沉浸式地与内容互动。目前，这两种技术都存在交互设备不够轻便、透明、成本高等问题，难以推广应用。

脑机接口技术分为 3 种类型，分别是侵入式、半侵入式和非侵入式。侵入式脑机接口技术是指通过手术将电极植入大脑皮层。半侵入式脑机接口技术是指将电极植入颅腔，但在大脑皮层之外。非侵入式脑机接口技术是指通过附着在头皮上的可穿戴设备解释脑电信号。侵入式脑机接口技术的脑电图采集是最准确的，但也有风险，如高手术风险和人体组织排斥。非侵入式脑机接口技术避免了复杂手术的安全风险，但信号采集相对较弱，还存在难以传播的问题。

挑战六：计算能力问题。

计算能力是指处理数据的能力，由计算、存储和数据传输 3 个指标决定。元宇宙意味着更多的用户、更丰富的网络资源和计算资源，因此，计算能力是元宇宙的重要支持。基于云计算技术的新业务形式和元宇宙平台的规划增加了对计算能力资源的需求，也为计算能力的发展提供了空间。元宇宙使用的云存储、云计算、云渲染和其他技术对客户端设备性能和服务器弹性提出了很高的要求，需要不断提高处理速度，降低复杂度和耗电量。

挑战七：伦理道德问题。

元宇宙的伦理道德问题是指由于相应伦理道德规范的缺失和混乱而产生的与现实社会的伦理道德规范相冲突的现象。元宇宙给了人们新的身份，创造了一个新的、自由的空间，也包含了更复杂的社会关系。作为下一代网络，元宇宙必须控制和约束用户的行为，建立明确的伦理道德规范，以维护元宇宙良好、有序的生态环境。

挑战八：知识产权问题。

随着元宇宙交互技术的发展，当大脑的意识可以像计算机信息一样被编辑、存储和复制时，科幻电影中的场景可能转变为现实场景。知识产权保护的作用非常重要，应加强对元宇宙的监督，及时制定和更新相关法律法规。

挑战九：元宇宙中的有机性问题。

元宇宙作为与现实紧密相连并具有多维性质的虚拟世界，有必要建立有机性及其标准。也就是说，需要保证从元宇宙 A 到元宇宙 B 的兼容性和移动权。目前，元宇宙服务平台提供了一种沙盒类型的平台服务（Lock-In），将用户锁定在特定的平台，并阻止他们离开。为了进入虚拟世界，平台之间的互操作性非常重要，未来，现实世界和虚拟世界将完全互锁。为了提升互操作性，需要在元宇宙服务提供商之间进行协商，并且还需要将连接全球用户的市场和平台标准化。

同时，数字货币，以及支付、结算和汇款的问题也不容忽视。目前，在元宇宙交易中，数字货币面临非常高的信用风险和流动性风险。为建立健康的元宇宙生态系统，必须确保数字货币交易系统的安全性。因此，需要建立一个比较和衡量现有各种加密资产价值的标准和一个宏观的交易体系。随着元宇宙成长为一项全球业务，虚拟资产的顺利使用将变得至关重要，需要明确的指导方针、支持系统和管制措施。

元宇宙玩家的上线将引发对虚拟经济运行规则的深度探讨。在元宇宙玩家形成和发展过程中，传统的时空概念、能量概念、经济概念都可能被改变，甚至被颠覆。元宇宙玩家将改变人们认识世界的方式和方法，并引发生活方式的深度改变。在元宇宙中，每个人都是设计师，都可以创造属于自己的独一无二的星球，只要我们敢于创造，元宇宙都会予以相应的回答。

现在，我们拥有了打开元宇宙世界的钥匙，即将迈出遥远征途的第一步，期待着更多人加入我们的远征小队，去元宇宙寻宝。

（三）新基建与元宇宙经济

2022 年，国内经济环境面临制造业投资回落、房地产投资在"房住不炒"基调下难有提升、出口虽有韧性但仍将边际回落、消费受新冠肺炎疫情压制及居民收入尚未恢复等情况下，基建投资将成为未来政策稳增长的重要导向。2021 年中央经济工作会议表示，未来将"超前"开展基础设施投资建设，基建周期向上确定性较强。

此外，旧基建相对饱和，从而让新基建蓄势待发。从基建的未来导向看，我国的旧基建（公路、铁路、桥梁等）经过 2008 年"四万亿"刺激催化的一轮大的上行周期后，现在基本属于"存量饱和、增量有限"的状态，难以成为未来发力的重点，关键仍将指向新基建方向。新基建指 5G 基站建设、特高压、城际高速铁路和城市轨道交通、新能源汽车充电桩、大数据中心、人工智能、工业互联网七大领域。新基建与元宇宙的经济关系有以下几个方面。

1. 元宇宙数据传输需求高，6G 的商用可能是关键节点

通信技术的进步和普及是元宇宙能否实现大规模扩张的关键。从现有趋势来看，5G 政策导向尤为明显，2022 年有望发力。2021 年 11 月，工业和信息化部印发《"十四五"信息通信行业发展规划》，明确提出，每万人拥有 5G 基站数将从 2020 年的 5 个上升到 2025 年的 26 个、5G 用户普及率将从 2020 年的 15%提升到 2025 年的 56%。这中间均存在 4 倍左右空间，潜力较大，从 5G 的建设端到应用端都有望迎来上行周期。

元宇宙的显著特点是大规模的参与感，数以亿计的交互用户量级将对终端服务器的性能和承载能力提出更高的要求。5G/6G 具备高带宽、低延迟、海量连接的特点，因此，底层通信技术的成熟程度将极大地影响同时在线的用户数量，进而成为元宇宙能否实现规模扩张的关键。从 4G 到 5G 甚至 6G，通信技术的进步和普及，将提升传输速率并且降低时延，促进虚拟与现实的融合。

目前，5G/6G 通信布局主要体现在 VR/AR 及相关游戏的演进方

面。从国外互联网公司来看，对元宇宙布局较多的互联网公司主要是 Facebook，该公司于 2014 年收购了头显设备生产商 Oculus。如今，Oculus 已经是全球领先的 VR/AR 设备生产商。

从国内互联网公司来看，腾讯提出"全真互联网"的概念，主要从互联网及软件生态的角度出发，投资引擎技术供应商 Epic Games。Epic Games 通过 UE4 引擎提供虚拟建模服务，同时，次世代引擎"虚幻 5"已发布概念宣传，预期能达到更加真实的虚拟效果。腾讯还在 C 端有更加广泛的布局，主要在直播和游戏领域，包括投资元宇宙概念公司 Roblox。此外，字节跳动投资了元宇宙概念公司代码乾坤，其产品《重组世界》被认为是类似 Roblox 的游戏。

元宇宙是一个系统工程，布局不仅限于元宇宙概念本身，还包括对整个虚拟世界的推进。其中，5G 建设从 2020 年下半年基本停滞，主要受以下 3 个方面影响。

一是新冠肺炎疫情使 5G 建设受阻。虽然 5G 本身是高精尖技术，但其建设过程是显著的劳动密集型，而新冠肺炎疫情的暴发使人员的流动相对受阻，阻碍了建设进程。随着我国科学防控机制的不断优化，新冠肺炎疫情对生产生活的影响将逐渐转小。

二是美国对华为的技术限制导致的芯片供给出现问题。例如，华为 5G 通信芯片"天罡"的工艺制程为 7nm，基本只有台积电、三星能够代工。受美国"芯片禁令"技术封锁的影响，台积电、三星都无法继续为华为代工。此外，全球芯片短缺也是一个方面，供给端的扰动对建设周期有一定影响，但华为自身较高的芯片库存储备对此有一定缓冲作用。

三是 5G 建设成本高、耗电量大。若 5G 要达到 4G 相同的覆盖程度，5G 所需的基站数量需要达到 4G 所需基站数量的 3 倍，从而需要更高的建设周期，5G 建设成本约是 4G 建设成本的 3 倍，对资金的支持要求也比较高。同时，5G 耗电量是 4G 耗电量的 9 倍左右，需要相关发电侧企业发电量、电网建设、供电质量方面的同步配合，2021 年在碳中和框架下的"缺煤限电"现象对此或有一定负面影响。随着后续对实现"双碳"目标的政策方向来看，此问题或能得到缓解。

尽管如此，5G 技术在元宇宙的推进工作中依然功不可没，5G 技术从解决"大带宽+降低时延+设备轻量化"三管齐下，为 VR/AR 产业的发展提供动力引擎。一是满足 VR/AR 带宽需求。5G 毫米波的速度可达 5G Sub-6GHz 的 10 倍以上，是 4G LTE 网络的几十倍，可以很好地满足 VR/AR 内容流量巨大的应用需求。二是满足 VR/AR 低时延需求，为用户之间、用户与虚拟世界的超大型高质量（低延迟、低丢包率）交互提供可能。三是满足 VR/AR 设备无线化、轻量化需求。通过 5G/6G 通信技术，未来，VR/AR 设备的大计算需求将转移到云端完成，客户端仅需完成显示、操纵，将大大降低操作门槛并有效控制 VR/AR 设备的体积和重量。

2. 算力稀缺现象持续存在，边缘端算力进步是更值得期待的方向

元宇宙的创建和运行离不开算力的支撑，为了对惊人的数据量、强人工智能进行即时演算且全程在线，元宇宙所需的算力也是前所未见的。作为一个承载活动的虚拟世界，一方面，元宇宙虚拟内容和画面的创建均基于图形渲染和算力支撑；另一方面，元宇宙中的用户进行沉浸式的交互与体验，需要建立在真实的建模和强大的算力基础上。

算力发展的解决方案将是同时发展云端和边缘端，其中，边缘端算力的发展更值得期待。一是目前高算力设备仍占比较低，只有不到1%的电脑或主机可以在最低画质下玩《微软飞行模拟》（*Microsoft Flight Simulator*）。而对算力要求更高的元宇宙，如果纳入尽可能多的

终端和用户，那么，需要降低对设备配置的要求，云端渲染和视频流是一个必然的思路。二是云计算大大增加需要低延迟传输的数据量，同时，需要针对峰值需求进行规划，云端服务器通常会面临利用率低的问题。三是消费级处理器的改进速度远高于网络提升的速度，其更换频率要高得多。云端传输的速度有光速作为上限，边缘端并没有这个限制。未来，真正的边缘计算模式将是用户口袋里功能越来越强大的手机，手机将为用户周围的其他设备（如手表和 AR 眼镜）承担大部分运算。

目前，云计算成本比边缘端计算成本高，边缘端计算具备相对优势。一方面，云计算配套费用可能较高。除了 GPU 计算本身的费用，云计算还需支付带宽费用、云硬盘、数据盘、系统盘等其他费用。以腾讯云 GPU 计算型 GN6 为例，带宽费用会随着带宽使用而增长，若使用 40Mbps 以上带宽，带宽费用甚至超过 GPU 计算本身的费用。另一方面，边缘端计算为不同场景专门设计，能够有效压低成本。以主流家用游戏机 PS5 为例，通过舍弃运行游戏不必要的功能，将主要获利点放在后续发售游戏内容上，使其购置成本仅为 4000～6000 元/台。而国内主流云计算服务商在内置 GPU 算力更低的情况下，订阅费仍达到 2600～3200 元/月。

3. 虚拟平台形成创作者经济的良性循环，短期内仍将以游戏平台为主

用户和企业可以在虚拟平台探索、创造、社交和参与各种各样的体验，并从事经济活动。这些业务有别于传统的在线体验和多人视频游戏，因为存在一个庞大的开发者和内容创建者生态系统，这些生态系统在底层平台上生成大部分内容并收集大部分收入。在可预见的未来，大多数用户将通过面向消费者、交互式和沉浸式的虚拟平台与处在萌芽阶段的元宇宙进行交互。

当下领先的虚拟平台 MAU（月活跃用户人数）保持高增长趋势，暂时以脱离游戏的平台为主。目前，最流行的虚拟平台是 *Roblox* 和 *Minecraft*，跟随其后的是 *GTA Online* 和 *Fortnite Creative Mode*（此二者只是其主游戏的一个子集）。这些领先的虚拟平台都起源于游戏，因为游戏是目前最复杂、最大规模、最多样化的模拟，其他消费级体验在短期内还没有对类似计算能力的需求。

虚拟平台建成后，能推动生产者、用户、内容的良性循环。虚拟平台提供创作（包括引擎、工作室、工具）的技术基础设施、支持创作的服务（语音通话、玩家账户、支付等服务），并与平台上的创作者、开发者共享消费者支出。更好的技术和工具会带来更好的体验和更多的用户，这意味着可以产生更多的平台利润，从而可以产生更好的技术和工具，吸引更多的开发者和更多的用户。

4. 元宇宙不是移动互联网叠加虚拟现实的版本，互联互通的交换协议和标准是必备条件

互联互通的交换协议和标准包括各种互通的技术解决方案、协议、格式和相关服务，是元宇宙最重要的方面之一。没有它们，就不会有真正的元宇宙。

如果互联网并非是开放的，互联网的普及率可能会远低于目前，其商业价值也会更低。如果互联网是由某一家特定公司发明的，他们可能会以销售商品、投放广告、收集用户数据来获取利润。例如，下载 JPG 文件需要按次收费，使用 IE 或 Chrome 浏览器也需要交年费。

在游戏开发中，Microsoft Xbox 专门使用 Microsoft 的 DirectX 编程接口，而 Sony 将其 GNMX 用于 PlayStation，Nintendo Switch 则需要使用 NVIDIA 的 NVM。各自不同的 API 可能会更适合各平台专有的操作系统和硬件，但会造成网络效应的缺失和内容投入的增大。

5. 经济繁荣尚待中长期各独立平台的打通，元宇宙"Play-to-Earn"模式有望快速发展

元宇宙的数字价值主要通过虚拟世界中的虚拟创作驱动，最大的利润理应流向虚拟平台内容的生产者，但目前硬件厂商和平台分走大部分收益。*Roblox* 的开发者很难增加收入，因为 *Roblox* 只向开发者支付用户在游戏、资产或虚拟物品上消费总投入的 25%，有 30% 被支付给 Apple。从长远来看，*Roblox* 的经济会受到损害。当下主要的 NFT 和区块链平台都是基于浏览器，尽量绕开 App Store 等平台的限制。

从中长期来看，各独立元宇宙平台将打通，元宇宙的用户能够在各种平台和游戏间互通虚拟商品，从而有效促进消费，提升元宇宙的经济价值。各平台打通后，虚拟商品使用范围的扩大能够有效促进消费。如果玩家的装备、道具不仅限于单个游戏中，用户在游戏上的支出有望得到极大提升。此外，消费者认为没有游戏能永远持续下去，其支出可能受限，真正的元宇宙将改变这一限制，极大地促进元宇宙消费经济的繁荣。

6. 元宇宙概念将带来新产品落地，带动电子、传媒、计算机消费上行

一是全面屏手机催化移动互联网行情。2014 年，夏普的产品中开始出现全面屏类似概念。2016 年，小米正式推出全面屏手机，全面开启全面屏时代。2017 年，全面屏进入快车道发展，带来更多传媒相关手机游戏、流媒体等的需求，移动互联网、手机屏幕板块均受推动，在相应时期表现较好。

二是 TWS 耳机的快速渗透带动相关产业链爆发。自 2016 年苹果推出了第一代 TWS 耳机 Airpods 后，迅速开启了一轮 TWS 耳机产品浪潮，华为、小米、三星等各大厂商相继推出 TWS 耳机产品。TWS

耳机相关技术不断进步，产品设计层出不穷，不断增加新的功能（如降噪、续航等），消费者的接受度也越来越高，渗透率不断提升（当前约为 20%），一路带动相关产业链公司（如龙头立讯精密、歌尔股份等）走出强势行情。

三是元宇宙有望引领下一代科技浪潮。Facebook 已经宣布将全面拥抱元宇宙战略。Facebook 已布局虚拟现实设备，同时布局虚拟社交与数字货币领域；腾讯正在构建自身的全真互联网，将进行从硬件到应用生态的全方位布局；英伟达已打造了专为虚拟协作和实时逼真模拟打造的开放式平台 Omniverse。头部企业纷纷发力下，元宇宙有望继移动互联网之后引领新一代科技浪潮。

四是元宇宙当前已有落地产品，且在快速迭代。目前，市场认为元宇宙仅为概念，并未有实质产品落地，但实际上我们已经提到，元宇宙相关产品自 2020 年已有爆发性增长。例如，2017—2019 年 VR 头显出货量约为 400 万台，2020 年为 670 万台；AR 眼镜全球出货量在 2020 年增长至 40 万台，2021 年达到 70 万台。Facebook 旗下的 Oculus Quest 2 自 2020 年 9 月推出以来，销量于 3 个月内迅速突破 100 万台，截至 2021 年 11 月，其累计销量已经突破千万台。

五是加快布局元宇宙相关消费电子、传媒等方向。元宇宙产品的持续应用与进步将带动上游的通信基础设施建设（如 5G），同时对中下游的芯片、传感器、显示技术等关键环节有显著利好。从产品来看，消费电子类硬件（如 VR 眼镜、头盔、耳机等），以及软件内容（如虚拟现实游戏、办公等）最为受益，相关科技方向（如消费电子、游戏、媒体、计算机软件）均有望受催化而表现占优。

以上充分说明了元宇宙在新基建方向做出充分布局。如果说移动互联网时代是对人类有效时间的填充，那么，元宇宙则是对人类生活空间的扩展，在此基础上产生的新需求具有巨大的想象空间。

在互联网、移动互联网时代，中国发挥后发优势成就了世界最大规模的互联网市场。在元宇宙时代，我们又如何搭建自己的"长安城"？专家建议，元宇宙作为未来新型数字基础设施，也应该来一场大规模的新基建。

新基建是智慧经济时代贯彻新发展理念，吸收新科技革命成果，实现国家生态化、数字化、智能化、高速化、新旧动能转换与经济结构对称态，建立现代化经济体系的国家基本建设与基础设施建设。

基于 AI、大数据、边缘计算、5G 等技术，越来越多的产业选择打造数字世界智能化通行空间，通过一系列以智能硬件为基础打造的上云完整落地应用系统，是一个在物理空间基础上孕生的数字化的智能通行空间。系统之间的联动、通行场景状态的实时可见，带给人类与机器人的无感通行体验，即通过物联网构建一种电子流动的数字虚拟空间（亦为元宇宙的一部分）。

元宇宙作为一个新的空间形态，其落地场景需要更好地服务于用户。只有不断提升用户体验，切实改变和改善用户的生活状态，才能摆脱概念炒作，创造一个真正的、为人感知的新世界。

（四）元宇宙中的商业模式与逻辑

1. 元宇宙的战略框架

在分析了元宇宙的概念，探讨了元宇宙的发展机会之后，我们梳理出关于元宇宙的 IAP 框架，包括 Identity（身份）、Assets（资产）、Platform（平台）。IAP 框架意味着元宇宙的 3 个发展阶段（见图 4-5）。

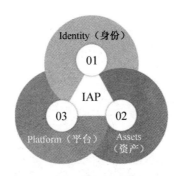

图 4-5　元宇宙的 3 个发展阶段

建立个人身份（Identity）需要借助虚拟人物技术及其所产生的内容。在元宇宙中，无论是虚拟偶像，还是普通用户的虚拟形象，所有用户都可以拥有虚拟身份。有了虚拟身份之后，我们还要在虚拟世界里创造资产（Assets），并通过资产创造交易活动，形成经济闭环。例如，*Roblox* 的虚拟交易货币 Robux 可以在 *Roblox* 内部链接创作者和玩家用户，在游戏交易上形成经济闭环。有了身份、形成经济闭环，成为一个平台（Platform）是水到渠成的事。形成平台之后，就可以将线下场景迁移线上，如演唱会、艺术展、国际旅行、剧本杀等。

基于 IAP 框架，元宇宙将如何落地？如何满足用户的具体需求？有没有一种可能，元宇宙或许起于社交，终于"数字永生"呢？

社交是用户的核心需求之一。新冠肺炎疫情期间，人们困于家中，现实世界的社交减少，社交需求更真实、更充分地凸显。腾讯 2020年第一季业绩显示："微信及 QQ 让用户在居家期间与亲友保持联系，两者各自的每日总消息数及使用时长均实现同比两位数增长。"

一条可能的破局之路是为用户提供各类场景，并结合元宇宙的特点，推出一个全新的社交产品。在打磨产品的过程中，逐渐让产品接近元宇宙的核心本质。

市面上已经出现了一些通过搭建虚拟场景、虚拟形象来满足用户社交需求的产品。例如，在游戏 *VRChat*（见图 4-6）中，玩家可以创建房间，通过虚构角色彼此交流、玩小游戏；还可以通过软件开发工具包，开发专属的角色模型；甚至可以通过外接的 VR 设备在 *VRChat* 里展示太空漫步。

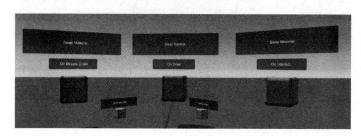

图 4-6　*VRChat*

锚定了社交这个起点之后，元宇宙经过充分发展，终极目标也许能让人们摆脱肉身，与机器合一，最终实现"永远在线"的状态。当然，这个终局还很遥远。想要抵达终局，需要脑机接口、AR、VR、AI 等技术发展到高度成熟且交互协作。目前，行业的出发点在于寻找元宇宙能够增长发展的空间。

2. 元宇宙的商业模式

元宇宙的商业模式离不开虚拟消费的内容、虚拟交付或驱动的服务和虚拟买卖资产。这三者被定义为与用户数据和身份相连的数字资产（如虚拟货物和货币）的设计/创建、销售、再销售、存储、安全保护和财务管理。

（1）虚拟消费的内容

很明显，拥有最受欢迎 IP 和品牌的公司将在元宇宙中扮演重要角色，这可能与他们今天对元宇宙的热爱是成正比的。迄今为止，《堡垒之夜》（*Fortnite*）中最大的受益者是漫威，其次是星球大战和 NFL。

Gucci 和 Louis Vuitton 等品牌同样也不甘示弱，不断寻找机会参与其中。当然，并非所有当今领先的游戏或品牌都会参与元宇宙。但至关重要的是，元宇宙最终将导致资本建立许多新的娱乐特许经营权和面向消费者的品牌。这是因为新的访问技术不仅改变了消费者访问内容的方式，而且改变了元宇宙内容本身。

例如，有线电视不仅提高了广播时代电视连续剧的分辨率，而且支持了更多小众的连续剧和昂贵的电视节目，如《权力的游戏》《绝命毒师》《房屋猎人》等连续剧，同时建立 HBO、AMC 和 HGTV 等品牌。当视频游戏从街机转移到个人电脑时，游戏可以保存并且单个用户可以一次玩几个小时。这就是为什么主机时代是由《塞尔达传说》和《最终幻想 VII》等游戏定义的，而不仅仅是由《吃豆子》和《Galaga》的高保真版本主宰。与此同时，更高的在线率使《奇幻世界》成为持久和大规模多人游戏的头部企业，与之类似的还有《魔兽世界》和《EVE》等。

技术对音乐的影响相对较小，从广播到黑胶唱片，然后是磁带、数字光盘、数字下载，再到流媒体的转变，彻底影响了我们的娱乐生活。

1954—1962 年，美国销售了 550 万台晶体管收音机。1963 年，这个数字几乎翻了一番，达到 1000 万台，其中，许多是作为圣诞礼物收到的。这种广为流传的新设备主要被用于听披头士乐队的《我想握住你的手》这首歌，而这首歌也恰巧于同年 12 月 26 日在电台播放。一个月内，这首歌成为披头士乐队的第一张 Billboard①单曲。披头士乐队在

---

① Billboard 榜单，又名《公告牌》，于 1894 年在美国俄亥俄州辛辛那提市的一个小酒馆中诞生，其主要作用是制作单曲排行榜，该榜单被认为是美国乃至欧美国家流行乐坛最具权威的一份单曲排行榜。

北美一炮而红，其更是在 1964 年 2 月全体亮相 *Ed Sullivan Show*①，由此开启了长达十几年之久的披头士热潮。

此外，Travis Scott 的虚拟音乐会与之类似，也依托更好的技术达到广泛的媒体传播效果。在这场虚拟音乐会上，近 3000 万人在 9 分钟内完全沉浸在他的音乐中，所有他的粉丝和甚至不知道他存在的人共同参与了这场虚拟音乐会。在现实中，没有其他 LiveShow（现场秀）可以同时面向和囊括这么多不同人群。

Travis Scott 在音乐会期间首演的曲目 *The Scotts* 一周后首次在 Billboard 上排名第一。这是他歌手生涯的第一个 Billboard 单曲，也是他 2020 年最大的 Live Show。不仅如此，Travis Scott 在 *Astroworld* 专辑中演奏的几首曲目也趁着此次走红重返 Billboard 排行榜。

如今，互联网为我们带来了更高、更快、更广的传播体验，但正是因为如此，我们也更需要核心的内容体验，以打造一个超越时代的内容媒体传播模式，而元宇宙恰恰是我们达成这一目标的最好依托。

虚拟电影院、虚拟音乐会、"5G+XR" 主题公园——谁能不觉得这很酷呢？打破自身与时间、空间的局限，光是想想，就已经迫不及待了。

与 Travis Scott 的音乐会一样具有变革性的是，这些内容都不会是现场捕捉的动作，但它就是让你身临其境地置身于各种场景，完成交互和感受体验。

（2）虚拟交付或驱动的服务

梳理数字服务业务的元宇宙未来发展相对更容易些，如健身或其

---

① *Ed Sullivan Show* 被称为美国广播史上播出时间最长的综艺节目之一。CBS 电视台于 1948—1971 年播出了 23 年。播出该节目的工作室 Studio 50 于 1967 年更名为埃德·沙利文剧院。

他相关类别的业务。

Zwift①或是 Peloton（美国互动健身平台）的化身，是基于现实世界演变而来的仅适用于虚拟世界的健身软件，而 Mirror②像是 Equinox③的元宇宙前瞻版本。2020 年 9 月，对于家庭健身公司而言可谓黄金月份。先是月初 Lululemon 公司豪掷 5 亿美金收购一面镜子——Mirror 健身镜，从而引发热议。9 月 17 日，美国家用智能力量训练设备公司 Tonal 完成 1.1 亿美元（约合人民币 7.4 亿元）D 轮融资，宣布市场扩容。中国不甘落后，智能健身解决方案提供商 myShape 也在 9 月宣布其正在量产新款智能 AI 健身镜产品，旨在对标 Mirror。而另一家来自成都的科技健身服务商 Fiture 同样定位于家用健身，用"硬件+技术 AI+内容+服务"方式，为用户带来全链条家用健身体验，其提供的产品也是一面"魔镜"，同样在 9 月，拿到了 A 轮 6500 万美金的融资……

简单来说，Mirror 煽动了翅膀，资本市场就开始癫狂，家庭健身市场由此进入激烈的角逐。

目前，无论是 myShape 公司还是 Fiture 公司在硬件产品上都采用镜子的形态。对外宣传也都是以"魔镜"自称，可以"72 变"。myShape 公司创始人冯伟分享称，myShape 公司的优势在于较早切入智能健身

---

① Zwift 是一款室内自行车健身软件，创建在游戏软件基础之上，同时结合了该公司在过去两年时间内运营的整个自行车健身社区。

② Mirror 健身镜由健身科技公司 Mirror 开发。其原理是将一块智能屏幕（外观看起来就像普通的镜子，因此被称为"魔镜"）悬于墙上，就可以播放健身教程，在家中完成自助健身，镜子中的投影教练会对于健身者进行动作评估，完成健身任务。

③ Equinox 是美国一家健身房连锁运营商，主要面向高薪人士，室内训练课程包括有氧训练、工作室课程、个人培训等，同时出售服装、食品、果汁等，致力于为用户提供优质的健身体验。

行业，于 2017 年就推出了第一代 AI 健身教练，经过 5 年多的迭代和健身大数据模型积累。目前，其 AI 健身算法的精准性已排在行业前列，支持 AI 健身动作超过 1500 多个，拥有数万节 AI 运动课程。而 Fiture 公司在发布会上更是强调其自主研发了"Fiture Motion Engine"智能运动追踪系统，该系统通过摄像头捕捉人体，算法引擎可以实现对人体检测与追踪、姿态识别、各种常用健身动作的判断，让健身更科学有效。Fiture 在拿到融资后第一时间推广产品，并于 2020 年 11 月 1 日在网上开卖。

然而，无论是 myShape 公司还是 Fiture 公司的"魔镜"，健身产品并没有太高的门槛，简单来说就是一个智能化的镜面大屏，很容易被其他公司迅速复制和模仿，甚至是超越。myShape 公司对外称其竞争优势在于用户积累和进入时间早，而 Fiture 公司希望抢占市场先机，通过社交捆绑的方式建立自己的壁垒。其实在健身镜同类型的产品中，硬件形态大同小异，但为用户提供精确且良好的运动交互和沉浸式体验才是关键。在行业中"运动反人性"本身就是一个待解的难题，和教育行业一样，只有提高用户体验才能增加用户黏性，才能使家庭健身成为一个真命题。

有业界评论称，myShape 公司和 Fiture 公司的产品更多是"轻产"，类似于自行车，硬件壁垒低。有工具价值但不够酷，在提升用户体验的空间上天花板极低。后期，家庭健身行业一定会诞生非常酷的健身产品，能让我们在虚拟世界中的健身充满沉浸式体验。该健身产品类似于摩托车，在硬件上比自行车更具竞争力，有专业壁垒和专属的用户群，更具元宇宙中社交属性，甚至能靠自身的优势获得强大的融资，内部不断生长，变成中国健身行业的 Peloton。我们期待这样的产品出现，虽然需要走相当长的一段路。元宇宙一旦形成，或许将成为实现沉浸式社交健身终极体验的突破口。

归根结底，随着我们的生活、社交等重心越来越多地转移到虚拟空间，我们的社交服务和网络搭建将随之更新与迭代发展。唯有如此，才能满足虚拟世界中用户的多样化需求。

我们也可以考虑创造者经济的资本扩张范围。新的市场将会出现用于委托和销售独立创建的虚拟商品（如虚拟人物身份的皮肤），并为用户的数字空间聘请建筑师和艺术家。当然，这其中的大部分其实已经通过 OpenSea 和 SuperRare 实现了。

除此之外，元宇宙还将彻底改变服务类别，这些服务类别在很大程度上避免了整个互联网时代的崩坏。教育服务就是一个很好的例子。

无论是通过 2D iPad 屏幕观看 3D 动画人物，还是 360° 虚拟现实，元宇宙都将使学生享有充分的自主权，拥有丰富的面部和身体动画。元宇宙还将使社会更好地利用其最稀缺和最有价值的资源之一：优秀的教师。

长期以来，技术专家认为，远程学习将从根本上重新配置和取代面对面类型的教学模式。也就是说，虚拟沉浸式课程提供了一种新型的学习方式。这意味着上历史课时，学生将高度还原各国历史现状，如在 VR 中访问罗马，甚至还原罗马建筑来了解其建造原理。

总而言之，教育服务一旦在元宇宙中落地推进，意味着会有很多新公司建立虚拟学校、研发虚拟课程、聘请教师，以及帮助教师通过动作捕捉进行现场课堂管理等。

（3）虚拟买卖资产

为了建立元宇宙，企业需要生产并投资更多、更精细的虚拟资产，这需要非常昂贵的成本预算。

例如，微软飞行模拟器是历史上拥有最广泛的消费者参与的飞行模拟器，其内容包括超过 2 万亿棵独立渲染的树木、15 亿栋建筑，以及全球几乎所有的道路、山脉、城市和机场，这其中涵盖了超过 250 万千兆字节的数据。这个巨大的虚拟世界之所以成为可能，是因为它基于现实世界的扫描其中大部分都由 Xbox Studios 的姊妹公司 Bing Maps 完成。构建所有这些数据或构建一个具有可比细节和多样性的虚拟世界，将花费数十亿美元甚至更多。

为了满足这一需求，出现了许多新的业务和商业模式。

2019 年，Epic Games 公司收购了 Quixel 公司，该公司生产超现实的"超级巨型罐头"，包括千米大小的真实平顶山、峡湾和其他"现实世界"环境，细节甚至包括鹅卵石。Quixel 公司的客户包括电影制片厂、游戏出版商和广告代理商，他们可以获得这些扫描的许可，从而避免重复设计沙丘、苔藓岩石和瀑布等场景。Epic Games 公司为此还收购了 3lateral 和 Cubic Motion 等公司，使开发人员更容易制作和操作数字人物和虚拟形象。

通俗一点来讲，我们将会看到越来越多的企业专注于制作和维护特定"现实世界"环境（如曼哈顿）的超现实渲染，以及管理、运用这些环境中的虚拟信息数据库来实现虚拟世界中的场景建筑的搭建目的。

Unity、Unreal 和 Roblox 等公司还运营着在线市场，开发者可以在这些市场上获得各种各样虚拟资产的许可，这些虚拟资产包括未加工钻石、粉红色泰迪熊和希腊寺庙等。这些资产可以有许多不同的来源。例如，有些来自独立艺术家，他们大概率不会直接在游戏、虚拟世界或电影中工作。在其他情况下，开发者或动画师可能会转售他们为游戏、虚拟世界或电影制作的资产。这些市场也可以作为一个发现平台，用来委托独立艺术家创作。

拥有这些市场的人将在元宇宙时代占据巨大优势。21 世纪初谷歌在地图/地理空间方面的努力，包括企业并购、许可证的拼凑（如卫星数据，道路）、数千万的劳动力、机器学习（信息处理）和手工培训机器学习算法。最终这些信息如此有价值，以至于推出了诸如 Niantic（以前是谷歌的子公司）这样的公司，并使《宝可梦 GO》和 Uber 等体验成为可能。

这也解释了为什么大多数扫描、市场、虚拟一代的初创公司在成为后期甚至中期公司之前就被收购了。这也是像 Epic Games 公司和 Unity 公司选择收购和建立其他公司，而不是从零开始的原因。在未来几年，这一领域的竞争会更加激烈，NVIDIA、Autodesk、Facebook、Snap 等公司都选择建立自己的数据库——就像苹果和 Uber 最终退出谷歌地图平台一样。

（五）元宇宙与 NFT 的结合

浙数文化在互动易平台上表示，该公司正在探索区块链、大数据等技术在艺术品交易、文旅影像方面的具体应用。浙数文化手握大量 NFT 数字资产，价值有望重估。作为传媒龙头的芒果超媒也宣布，将依托自身在"剧本杀"领域的积累，打造沉浸式线下娱乐业务。未来，芒果超媒将从打造精品 VR 内容为切入点，以影视及游戏 VR 内容实现技术和虚拟人物技术为手段，辅以打造 NFT 数字艺术藏品交易平台，分阶段推进"芒果星球元宇宙"的构建。

"这应该是元宇宙的第二轮热潮"，一位市场人士分析认为。第一轮热潮集中在游戏等直接相关公司，第二轮热潮扩散至广告、影视等传统传媒领域。因为经过第一轮概念普及后，大家认识到游戏级别的元宇宙落地尚早，所以虚拟偶像、虚拟资产就成为短期追捧的概念。

说起元宇宙虚拟资产的头把交椅，NFT（非同质化代币）当之无愧。这种具有独一无二、不可分割特性的代币在元宇宙领域被引申为虚拟数字藏品，此前的"天价头像"就是一种 NFT。加密朋克头像 Larva Labs 官网如图 4-7 所示。随着元宇宙概念的升温，虚拟数字资产又有了新花样。相较于"阳春白雪"的数字艺术藏品，"虚拟炒房"迅速引发了大家对于虚拟资产的热情。

图 4-7　加密朋克头像 Larva Labs 官网

虚拟世界里的土地只是几行代码，为何价格能与现实世界里的土地等量齐观呢？"这个和区块链技术里去中心化的理念是一样的，完成初始设定后，土地块数总量就确定了"，有专家这样解释道。例如，在 Decentraland 社区中，当土地分配完毕后，社区能否释放新的土地，必须通过所有社区代币持有者及土地所有者的投票表决。

"虚拟炒房"的热潮也蔓延到了国内。有媒体报道称，在二手交易平台闲鱼 App 上出现了众多虚拟世界卖房信息，这些交易的房产都来自"虹宇宙"这款社交产品，房屋共有 6 个等级，越稀有的房产价格越贵，目前部分房产的价格约 1000 元/平方米。

"我们是一款社交产品，初衷是让大家到上面来做 3D 艺术创作，而不是来给大家'炒房'的"，一位"虹宇宙"内部人士表示，"虹宇宙"的产品与国外的虚拟房产有着本质区别。

而在区块链内核的 Decentralized 世界中，去中心化的金融（DeFi）仅为生态的一部分，还有去中心化存储、去中心化网络等多个基建板块。去中心化的金融为生态提供了资金流通的基础且与利益息息相关，所以率先"出圈"，继 DeFi 之后，NFT 成为当下炙手可热的新星。

2021 年 3 月 11 日，美国数字艺术家及图像设计师迈克·温克尔曼（Mike Winkelmann，艺名 Beeple）的作品 *EVERYDAYS：THE FIRST 5000 DAYS*（见图 4-8）在英国佳士得拍卖平台拍卖价接近 6935 万美元（约合人民币 4.4 亿元）。官方称，该价格是在世艺术家所拍卖作品的第三高。该作品也是全球知名拍卖平台首次卖出的第一个 NFT 艺术作品，创下网络拍卖最高价。

图 4-8 *EVERYDAYS：THE FIRST 5000 DAYS* 拍卖信息

Mike Winkelmann 从 2007 年 5 月 1 日开始，每天创作一幅数字图片，不间断地持续了 13 年半，并将它们集结为一张图后产出 *EVERYDAYS：THE FIRST 5000 DAYS*。

近 7000 万美元的天价使 NFT 成功"出圈"。NBA 球星、奢侈品品牌、明星、娱乐集团等纷纷入场布局，形成一派"万物皆可 NFT"的盛况。如果说 2020 年币圈的年度热词是"DeFi"，那 2021 年币圈的年度热词非"NFT"莫属。

NFT 诞生于 2017 年，一名叫 Dieter Shirley 的开发者创建了 ERC-721 协议，所有 NFT 都基于此协议发行。同时其团队开发的首款 NFT 游戏——*Cryptokitties*（以太猫）火极一时。伴随着 2017 年的大牛市，NFT 第一次进入大众视野。

同年，依托以太坊出现了 CryptoPunks（加密朋克）的像素头像项目。这些像素头像总量上限为 1 万个，每个人物头像都是独立的且各不相同，拥有以太坊钱包的人都可以免费领取，领取后可以放到二级市场交易。

NFT 是 Non-Fungible Token 的简称，意为非同质化代币，基于 ERC-721 协议发行。我们熟知的 2017 年最火的 1CO（首次代币发行）是基于 ERC-20 协议发行的代币，属于 Fungible Token，即同质化代币。同质化代币又称可互换型代币，其主要特点是各代币之间是没有区别的，可以随意交换，且可以拆分整合。例如，BTC、ETH 等加密货币都属于同质化代币，每一枚 BTC 或 ETH 本质上是没有任何区别的，可以互换和分割。

NFT 与之正相反，具备唯一性和不可拆分性。每一枚非同质化代币各不相同，都是单独存在的、独一无二的代币，无法相互替代。

此外，NFT 的最小单位为 1，不可拆分。这意味着，你的 NFT 不能与别人的 NFT 进行直接交换，也不能拆分成 0.1 枚。常见的 BTC、ETH 可以有 0.001 枚，而非同质化代币的单位只能是 1 枚，不能拆分成 0.01 枚，就像演唱会门票一样，不存在半张门票的概念。

在市场下行的今天，元宇宙和 NFT 的结合依然保持着极高的热度。一个早在 1992 年就被描绘出来的事物，为何在今天又被市场追捧，而且在 NFT 和区块链的圈子里被寄予厚望呢？

1. 头部企业下场元宇宙赛道

扎克伯格认为，元宇宙最难也是最有趣的一点是如何将大量差异化的事物整合到一起，并且能够无障碍地在空间内交互和沟通，汇聚成一个更大的创想。关于元宇宙的建设和实现并没有一个清晰的线索，Facebook 可能出台很多措施，这些数量庞大的措施看似很繁杂，涉及层面极为广泛，但所有一切的总体目标是让元宇宙成为现实，最终所要达成的目标是让人们都可以置身其中。

1992 年，尼尔·斯蒂芬森在《雪崩》中提出"超元域"的空间概念，即机器把图像投射到人类的显示终端上，声音被耳机和音响等发声装置输入人耳，这个虚构空间称为超元域。在超元域中，每个人都是一个软件，或者说是一段程序，作为人类在超元域中活动的综合体。2021 年 3 月，Roblox 公司上市的招股书中首次提及元宇宙，让资本和市场看到了元宇宙的想象空间。

再回到 Facebook，从此前的 Libra 到现在的元宇宙，拥有 27 亿用户的 Facebook 野心可见一斑。其构建的元宇宙将是一个囊括整个地球的超级元宇宙，也只有这样，才能达成全员"置身其中"的平行宇宙目标。Facebook 正试图通过该公司生产 Quest 头戴设备的 Oculus 部门打造这样的一个元宇宙。显然，该头戴设备并没有颠覆性的创新，只能是作为技术集的硬件"盒子"。

事实上，诸如 Facebook、微软、苹果、NVIDIA 这些公司分别从计算平台、终端、内容生产，以及工具和生产平台等不同角度参与元宇宙赛道。Facebook 和国内的腾讯一样，手握大量的用户和社交关系网络，但是他们可能并不是最直接的元宇宙入口。所以头部企业一边强化自身在元宇宙赛道中的优势方向，一边让投资版图伸得尽可能远。

2. 元宇宙的未来性

具有未来性的元宇宙环境一定是与用户利益绑定的，这里的利益绑定并非胁迫式的，而是人们自由且自主地共建元宇宙，庞大的经济系统将在无形的参与中被建立和绑定，无论是硬件的升级体验，还是经济系统的淬炼，由自身的贡献和参与将极大地影响生态和自身的利益，一定时间之后用户势必无法脱离这个环境。

需要注意的是，元宇宙的建设并非一朝一夕能完成。科技发展日新月异，不可预见技术的出现会为元宇宙带来新的思路。元宇宙的建设变化可能会远超预期，就如同互联网，经历短短半个世纪，已经将63%的人类联系在一起。现在我们看到的元宇宙和当初人们刚遇见互联网时的感觉是一样的，兴奋且无知，但神话元宇宙大可不必。距离一个持久的、活生生的数字世界，为人们提供一种存在感、社交呈现和共享的意识空间，以及参与具有深远社会影响的庞大虚拟经济的能力的元宇宙，还有很长的路要走。

3. 元宇宙风口的思辨

从载体来看，我们经历了大型机互联网、PC 互联网、移动互联网。随着 5G、AR、VR、MR 等技术和终端设备的发展和普及，以多界面、全感官沉浸式人机交互的新互联网形态正在到来。

据估计，虚拟商品市场的规模约为 500 亿美元（约合人民币 3182亿元），预计到 2025 年这一数字将增长到 1900 亿美元（约合人民币1.2 万亿元），这是蕴含巨大蓝海潜力的价值洼地。尽管如此，某种程度上，元宇宙现在不太可能真正为人所知，即便体验过 VR/AR 的人也仅略知皮毛。Piers Kicks 在《进入虚空：当加密技术遇到元宇宙》

一文中总结，元宇宙具有强社交、鲜活同步、大幅规模化、持续存在、不挑硬件、高度可互操作性、经济丰富、桥接不同世界、内容丰富几大属性，并指出组成元宇宙的五个关键部分，包括内容、标准协议、基础设施、媒介、文化。最终指向是区块链加密技术将成为元宇宙不可或缺的一部分，并将为游戏和娱乐行业带来全新的商业模式与机会。

当区块链和现有的数字经济交融，如何以前所未有的规模增强我们的虚拟环境？加密技术作为基础设施提供了潜在的解决方案，为元宇宙提供强有力的支撑。这种观点的核心是，原生数字加密货币将在整个原生数字世界的无缝价值转移中发挥不可或缺的作用。数字资产和加密技术似乎是打造元宇宙过程中最重要的。

当然，分析加密技术的普及路径、可投资方向及新的商业模式，还有很长的路要走。就目前的情况而言，NFT 似乎是回答以上问题的关键。更深层次的分析认为，在庞大的数字经济时代，随着漫无边际的内容、文化被输入/产出，许多数字化内容必须被标记，从而极大地扩展互联的粒度。每个独特的物品都有自己的创作者者、历史记录者和所有者。在这个过程中，NFT 封装了他们所描述资产的知识产权归属，原生数字"事物"展现标准和经济标识都会随之编织到元宇宙的结构中，使现实世界真正和虚拟世界融为一体。在这个元宇宙世界里，用于发行和管理稀缺而独特的数字"东西"的原生数字、去中心化机制的价值不言而喻。虚拟服务如图 4-9 所示。

虚拟服务主要分为以下 3 类。第一类是提供生活基本消费品，如元宇宙里也有建造房子，以及生产家具、汽车、衣服、鞋子的商家。第二类是内容制作，如元宇宙里的游戏、艺术品展览等。第三类是场景开发，如针对教育场景，开发一个火星元宇宙，直接向学生呈现拟真的火星生活环境，提升教学效果。

图 4-9 虚拟服务

这3类生产商暂且用"元宇宙制造业"来形容吧。需要注意的是，元宇宙制造业不只是公司能参与，普通人也能发挥想象力，参与建造。在元宇宙里，创意会构成参与者的绝对优势。因为元宇宙的价值系统基于区块链，在区块链上，一个独特的想法哪怕你比别人早一秒实现，大家会公认你是首创者，复制是没有意义的。例如，开服装店，在现实世界中，门店选址好、送货快就可能领先其他的店；在元宇宙中，选址、物流、供应链都不重要了，因为元宇宙里没有交通的概念，一百万人可以同时出现在你的店里，这个时候门店吸引人的条件就变成了你的产品是不是足够好玩、足够有创意。

因此，如果你想成为应用场景开发者，现阶段可以关注哪些内容或场景元素是有利于帮玩家建立身份系统和价值系统的。要是你发现了这样的机会，就要牢牢抓住。

现在有很多人参与 NFT 头像项目，因为这些项目被视作将来进入元宇宙的身份账户。项目方可以设计很多不同的头像，如参考动物的形象、外星人的形象，甚至是表情符号。但如果参考山水画元素来设计一组 NFT 头像，就不太利于建立身份系统，因为它不是拟人的形象，不太容易让人产生身份映射。

元宇宙是现实经济社会的场景模拟，其中涉及价值观念、制度设计和法律秩序等一系列基本框架选择问题。我们需要前瞻性研究元宇宙发展的原则规范、技术伦理等一系列内容，让元宇宙更好地服务人类，而不是成为时间黑洞，吞噬人类的未来。如果过度强调沉浸感，会带来新的问题，如《盗梦空间》（见图 4-10）男主角的妻子因为分不清梦境还是现实而产生认知错乱。这是我们需要提前防范的风险点。

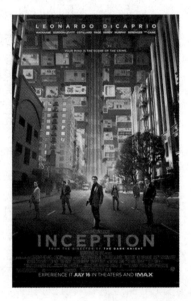

图 4-10　《盗梦空间》宣传海报

创造既是元宇宙的最大优势，又是风险所在。试想，在元宇宙里，每个人都是导演，都想把自己设定好的剧本在不同的元宇宙上演。这就产生一个问题，不同剧本构建的可能是美好生活的元宇宙，也可能是战争暴力的元宇宙；可能是劳动最光荣的元宇宙，也可能是不劳而获的元宇宙。所以，我们要在法律、文化、价值观等层面，让社会各个阶层贡献建议、参与讨论，提前制定价值共识。

当元宇宙成为大家日常消费、社交，甚至工作的主要场所，这就要求个人做好时间的分配和生活方式的安排，合理平衡在数字世界和现实世界的生活。

元宇宙的发展需要搜集人们更多的个人信息，保护个人隐私和数据安全将是一个非常大的挑战。成为数字居民后，谁来保证这些数据的隐私性和安全性是我们需要认真思考的问题。

元宇宙场景的实现，既需要投入巨大的人力和物力，又要实现超大规模的连接，因此，元宇宙具有一种内在垄断基因，我们需要避免元宇宙被少数力量垄断。国家、社会一方面要降低进入元宇宙的门槛，另一方面要约束元宇宙超级公司的出现，防止产生元宇宙垄断现象。

面对跨境元宇宙的建立，存在如何处理国际间数字贸易摩擦、如何进行资金的监管、如何解决社会公平等问题。

要做好文化和伦理问题的应对。例如，一个在元宇宙中打打杀杀的玩家是否在现实中存在暴力倾向。更严重的是，在数字世界里的暴力行为对人的心理冲击力度很小，犯罪成本变低；而在现实中个人要付出的代价是极大的，既可能遭到法律上的制裁，又可能带来经济上的损失，还会有心理上的负担。但在数字世界里，这个冲击感可能只是屏幕上的一个数字人物消失了而已。

对弱势群体的保护问题在元宇宙里同样重要。元宇宙里的弱势群体主要是那些在临界点前，没有搭上元宇宙这班车的群体。就像现在的数字支付一样，总有一群人因为年龄、受教育程度和各种各样的原因难以适应。所以我们要做的，就是在临界点之后打造好传统互联网进入元宇宙的通道，让更多人容易接触元宇宙、进入元宇宙。

在元宇宙中，我们所说的自由并不是绝对的自由。数字世界同样需要法律，甚至是更加严格的规范。而这种规范的建立恰恰因为元宇宙是去中心化的，不能通过监管一个公司、一个机构就能解决，而是要回到共识的层面，通过建立个人、社会和国家之间的公约，创建文明的元宇宙。

当然，元宇宙的风险还有很多。例如，使用非法定的虚拟货币导致系统性金融风险，区块链的算力效率引发能源和碳排放的问题等。所以这个"美丽新世界"不仅是文明的元宇宙，而且必须是健康的、可持续的元宇宙，这需要更多深入的探讨。

4. NFT 与 Cyberpunk 时代

了解 NFT 的含义后，其实际应用场景自然比较容易联想。第一个常见的应用场景如拍卖，即 NFT 可以作为艺术家、生产者的独一无二的链上映射资产进行交易流转。当然艺术创作仅为非常细分的一个领域，实际可拓展的领域非常广阔，主要包括以下几个方面。

一是知识产权领域。NFT 可以代表一幅画、一首歌、一项专利、一段影片、一张照片等。在这个领域，NFT 起专利局的作用：帮助每一个独一无二的知识产权进行版权登记。利用 NFT 进行专利产权证明，可以高效地解决现实世界的知识产权纠纷及盗版问题，因其在诞生之初就可以直接上链，省略了现实世界烦琐的申请、审批、证明流程，杜绝了暗箱操作的可能，且链上信息具有不可篡改的特性，极大地保护了原创者的权益。

二是实体资产。房屋等不动产或其他的实物资产也可以用 NFT 代币化。目前，实体资产（如特斯拉股票）在 Coinbase、Binance 和 FTX

已有1:1映射代币。有了NFT，用户完全可以将不限于股票的更多实体资产上链接进行流转，且是完全去中心化的资产。

三是记录和身份证明。NFT独一无二，因此可以用来验证身份（如出生证明、驾照、学历等）。记录和身份证明可以用数字形式进行安全保存，防止被滥用或篡改。

四是金融票据。各类金融票据在流通和交易过程中承载大量信息，如果与NFT结合，不仅能够确权，而且便于追踪。此外，未来各类NFT资产的交易本身就可以形成一个细分的金融市场，这和实体资产是一样的逻辑。

五是票务。演唱会门票、电影票、话剧票等都可以用NFT来标记——看似一样的票据实则有不同的座位号。

"万物皆可NFT"并非是一个玩笑，所有事物在诞生之初，我们都可以将其映射到链上。抛开物体本身的价值，可映射到链上的事物大到实体资产、商业创意、知识产权，小到个人的房产、车、玩具、宠物、照片，甚至一条微博、朋友圈。例如，Twitter创始人的第一条推文单词拍出250万美元（约合人民币1590万元），NBA TopShot发布的NBA球星精彩瞬间的照片一经发售即被抢空。

六是游戏。我们可以从《我的世界》《模拟人生》《动物森友会》《Cyber Punk 2077》这些火爆的IP中得到答案。角色扮演类游戏因其可创造、可拓展、无现实束缚等特性，一直在游戏领域中占据重要地位，玩家在游戏的虚拟世界中追寻体验着不一样的人生体验，但游戏终究是开发者设定的一个"小宇宙"，并不能和现实生活产生直接关联，且游戏的本质还是中心化，所有的经历和体验终究是运营商手里的一串串代码数据，游戏与现实世界是完全割裂的。

元宇宙与现有的游戏完全不同，在元宇宙中，游戏仅为其中的一种形态；个体将拥有完整的身份、社会关系、资源，可以进行与现实世界同样的社会活动，从而拓宽生命体的层次。可以说，《头号玩家》和 *Cyber Punk 2077* 描绘的世界并不遥远。

（六）NFT 与区块链世界结合

想象一下，将我们现在生活的一切全部映射到区块链世界，是一件多么有想象空间且炫酷的事情。

当然，这其中最重要的交换工具和标准——支付方式和服务，需要特别加以说明。他们支持和管理整个经济中的资金流动，并为所述经济中的每个企业、工人和消费者确定基本的"做生意的成本"，已经成为新兴元宇宙的"霸权战场"。

1. 主要的支付方式

著名的科幻小说家刘慈欣[①]曾说过，人类的面前有两条路，一条向外，通往星辰大海；一条对内，通往虚拟现实。

星辰大海并不是普通企业可以企及的，虚拟现实则正在走近我们的生活，可能迎来新的产业狂欢。那么，对于即将到来的虚拟现实，支付领域又该作何改变呢？

在过去的一个世纪里，新的通信技术不断发展，每人每天交易次数不断增加，大多数购买活动不再使用现金，支付方式日益多样化。2010—2020 年，现金在美国社会交易中占比从 40%以上下降到 25%以下。

---

① 刘慈欣，1963 年 6 月出生于北京，山西阳泉人，高级工程师，中国科幻小说代表作家之一。代表作品有《球状闪电》《三体》《流浪地球》等。

在美国，最常见的支付方式是电汇、Fedwire（联邦电子资金转账系统）、CHIPS（纽约清算所银行同业支付系统）、ACH（自动结算中心）、信用卡及数字支付等。

电汇只能在银行之间使用，且只能在营业时间（一般为工作日）办理，交易不可逆，不能用于申请资金（不适用信用卡、发票等支付形式），手续费很高，还有非美元电汇、确认书等额外费用。这些费用对于小额转账来说特别不划算，对于大额交易来说却很便宜。

CHIPS 只有 47 家会员银行可以使用，是最便宜的通信服务，也是银行的默认选择。然而，这些资金第二天才能提供给收款人。Fedwire 是实时的，但手续费较为昂贵。GHIPS 和 Fedwire 这两种支付方式都需要银行账户，且国际汇款通常需要 2～3 天。

ACH 比电汇便宜。大多数银行允许客户以 0 美元（最多 5 美元）的价格进行 ACH 类的转账，并允许自动 ACH 账单免费。在大多数情况下，企业可以向供应商或员工支付每笔交易低于 1% 的 ACH 费用。与电汇不同，ACH 是可逆的，可用于信贷或借记账户（可自动支付账单）。然而，ACH 要比电汇慢得多（1～3 天）。这是因为 ACH 支付直到一天结束后才会进行清算，因此，一家银行必须汇总并将所有资金（即所有 ACHs）发送给另一家银行，然后通过 Fedwire 一次性发送。第二天，再由美联储将资金发送到收款银行，然后由收款银行存入收款人账户，这就已经花费差不多一天的时间。尽管如此，ACH 仍被认为是比其他主流支付渠道更加安全的支付方式，因为电汇可以与非美国银行联系，但 ACH 仅限于美国国内银行使用。

信用卡支付是指通过刷卡（或输入信用卡信息），信用卡机器或远程服务器获取账户信息并以数字方式发送给商家银行，商家银行随后将其提交给客户的信用卡提供商，后者同意交易或拒绝交易的支付方式。这个过程需要 1～3 天，通常会收取商家 1.5%～3.5%的交易费用。还清信用卡时，客户通常会使用 ACH 付款。信用卡支付在全球大多数市场都有效，与电汇不同的是，信用卡支付是可逆的。

最后，还有数字支付，如 PayPal、Square 和 Cash App。个人账户主要通过 ACH 或信用卡，此时，这些平台就成为所有账户使用的集中或单一银行。因此，同一个支付平台用户之间的所有转账实际上只是平台自身持有资金的重新分配。鉴于此，支付是即时的，且平台通常不收取任何费用。但是当企业通过平台付费时，平台通常收取1.5%～3%的交易费用。如果用户想把他们在平台上的钱转至银行账户，他们也需要支付 1%（最多 10 美元）的服务费。

2. 元宇宙支付领域的竞争

理论上，虚拟世界应该有比现实世界更好的支付方式，因为其交易主要涉及只存在于虚拟世界的商品，这些商品通过纯粹的数字交易（边际成本较低）购买，大多数情况下，每件商品的价格为 5～100 美元。这个经济体很庞大，也不构成系统性金融风险，在社会中不起决定性作用，并且拥有成千上万的市场参与者和十几个竞争平台，应该会带来创造力、创新和支付领域的竞争。

其实早在元宇宙大火之前，头部企业就已经在不断探索元宇宙中所需要和可能会实现的支付方式了。

2019 年 6 月，Facebook 推出了加密货币项目 Libra。Libra 旨在成为一个新的去中心化区块链、低波动性的加密货币和智能合约平台。Libra 锚定多国法定货币组成的"一篮子货币"（又称"稳定币"）。但由于多国合规质疑，成员机构不断退出，Libra 更名为 Diem，并瞄准美元稳定币。此外，Facebook 积极推进数字货币钱包项目，2021 年其Novi 也已经启动小规模试点。

FaceBook 部分品牌更名为 Meta 之后，借助其布局的加密货币项目，已经开始试图牢牢掌控支付渠道，为其元宇宙战略发展打好基础。由于政策限制，中国企业对于加密货币项目没有提前布局，但在 VR 场景支持上始终积极尝试。

2016 年，支付宝就推出了 VR Pay，用户在移动 VR 平台或 VR App 中选择商品下单、确认购买，进入支付环节，选择支付宝，即可点击确认支付。本质上来说，支付宝的 VR Pay 仍然是基于支付宝的账户体系做的场景延伸，仍然是网络支付，属于电商支付的范畴。

此外，一些银行也正在应用 VR 技术改善用户体验。不过，银行更多是通过 VR 技术呈现资讯，也并没有达到当下元宇宙的互通性。未来，金融机构探索其在元宇宙如何寻找场景、提供服务会成为一个热门话题。

虽然各家都试图在元宇宙支付领域的竞争中一较高下，但不得不承认的是，未来的元宇宙支付仍然存在一些亟待解决的问题和挑战。

一是未来元宇宙中的支付可能更加复杂。以当下的游戏分成为例，同一个游戏在不同的主机平台售价不同，分成情况也不同。平台分成机制、版权、供应商等有不一样的分账需求。

二是元宇宙如果产生了跨境交易，依照传统法币清算，则存在汇率的问题。为了提升跨境支付效率，SWIFT（国际资金清算系统）先后推出了 GPI、SWIFT Go 等项目。此外，二十国集团（G20）也达成共识，推出《G20 关于加强跨境支付的路线图》，全面提升全球跨境支付效率，这也有望惠及元宇宙发展，但是否能有效解决此类问题仍未可知。

三是游戏中的货币可以在游戏世界购买多种虚拟物品，一旦一个游戏的影响力足够大，其游戏道具和游戏货币便会与现实的法币产生价值锚定。例如，一个稀有装备或皮肤价值数千元，游戏里面的虚拟货币与现实法币存在一定的兑换比例。元宇宙也是如此，若某个虚拟世界的影响力足够大，占用了足够的用户时间，其虚拟物品便拥有了一定的价值。宇宙中数字人民币该如何发挥职能，这又会是一个新的探索方向。

3. 虚拟货币

虽然刚开始涉及元宇宙相关技术，但很多科技巨头都在围绕元宇宙做未来时代的布局，目的是争夺数字货币的主导权。

我们举个最简单的例子。假设让你带着 100 万元回到 20 年前，相信大家都知道那个时候去买房子是非常好的选择之一。在现实世界中这是不可能实现的，但在虚拟世界中，却有机会再重来一次。例如，虚拟世界中打造一款虚拟城市，在初创期的时候，如果你看好这个虚拟城市未来的发展，就可以买下很多土地，当人口不断扩增的时候，这块土地就会越来越值钱。当然，所有的交易都要用到开发这个虚拟城市公司的数字货币来执行落地，在虚拟世界里挣到的数字货币也可以在现实世界消费。

在元宇宙中，如果一家企业的元宇宙数字货币占据了市场，那么，跨国交易就不再需要经过 SWIFT 系统结算。谁掌握了元宇宙数字货币，谁就掌握了未来市场，此时，国际贸易会从现实世界接入虚拟世界，所有的订单和合约都会在虚拟世界中完成，现实世界只负责物流环节。元宇宙的掌控者相当于掌控了全球贸易，从而间接掌控了全球经济，这就是元宇宙背后隐藏的巨大商机和利润，其重点是未来哪家企业能掌控元宇宙的数字货币发行权。

当然，上面所说的情况在理想状况下才能实现，目前的技术、政策及其他方方面面还有很多环节亟待打通。我们都知道这并非一蹴而就的事，这也是为什么元宇宙这个词火了这么久后，我们仍然说元宇宙的风口将持续存在的原因，其中实在是蕴藏了太多未知数和可能性了。

再回到虚拟货币。像比特币和乙醚这样的加密货币可以在全球范围内买卖和交易，而且可以在几秒到几分钟内完成，没有中介机构进行临时保管。用户不需要银行账户，也不需要加入像 Square、Microsoft 或 Sea Limited 这样的大型平台。卖家和企业也不需要与加密轨道协商、注册或签署长期协议。

不得不阐明的是，尽管虚拟货币的好处颇多，但其风险也同时存在。

对于投资者、大众消费者、使用者选择虚拟货币，必须学会避开各国经济壁垒。著名的阿里巴巴集团因为诞生于中国庞大的市场才能快速从世界互联网竞争中脱颖而出。

然而，中国的虚拟货币以何种方式发起或出现，需要投资者、玩家依靠各虚拟货币之间的蛛丝马迹寻找了。其实，当你认清虚拟货币的作用和各国经济的壁垒，这便成为一件非常简单、轻松的事情。当所有条件都已具备时，我们需要关注的焦点是虚拟货币的高回报率是否真实。我们不能否认的是，只有当虚拟货币真正产生流通，尤其是国际化的流通，才能不断产生价值，并让消费者从中受益。

4. 虚拟资产

无论加密货币是否成为现实世界中一种常见的支付形式，其正越来越多地被用于初始用户支付、游戏内货币和 UGC 支付。我们在游戏内购买的道具及其他衍生品都可以称为虚拟资产。2021 年，虚拟资产中的 NFT 市场已经显示过度投机的迹象。NFTs 的硬编码承诺，如不可撤销的所有权、开放的经济及无休止地重新利用虚拟资产的能力，已经导致了大量的消费支出。开放标准通常难以产生更多的开发者收入，特别是在媒体业务方面，但在加密技术领域并非如此。

例如，Larva Labs[①]公司使用 NFTs 发布了一个独一无二的、可验证的虚拟形象，其售价是 *Fortnite*、*Call of Duty* 等热门游戏的 1000 多倍（总共有 10000 个 CryptoPunks 和 20000 个 Meebits）。同时，像 *Axie Infinity*[②]和 *Zed Run*[③]这样的 NFT 游戏，尽管用户基数相对较少，只有 50～250000 DAUs（日活跃用户数量），每周的收入却高达数千万美元。像 *Upland*、*Decentraland*、*The Sandbox* 这样的加密世界的总价值达到了数亿美元。Dapper Labs 公司已经使用 NFTs 来实现拥有千年历史的收藏品类现代化，约 100 万名用户在不到 1 年的时间里创造了近 10 亿美元的总销售额。

如果这些趋势继续下去，基于区块链的收入将非常可观。而且这种趋势至少在中期内将会持续下去。每条趋势线都在增长，如 NFT 开发商的数量、活跃钱包的数量、日交易量、初级销售额、二级销售额、NFT 特许经营权的市场价值等。

---

① John Watkinson 与 Matt Hall 共同创办的手游开发公司 Larva Lab，早在 2017 年 6 月推出 *CryptoPunks*，这是一款可以收集像素人物、外星人、僵尸及人猿图片的游戏。

② *Axie Infinity* 本质上是一款基于元宇宙概念的 NFT 游戏。该游戏的玩法类似于现实生活中的《宝可梦 GO》游戏，使用三只 Axie（宠物）进行对战来完成每日任务，完成任务可以获得游戏币（SLP）奖励。

③ *Zed Run* 是一款使用 NFT 的在线赛马游戏，玩家可以购买、繁殖和竞赛以 NFT 为代表的数字马。

区块链标准看起来是将当今主流游戏、游戏平台和品牌融入元宇宙的最佳方式。虽然像动视暴雪和 Take-Two 这样的公司已经认识到开放经济和平台的潜力，但他们不太可能签署任何由竞争平台管理的系统（如 Valve 和 Epic Games），因为这带来了太多的战略和财务风险，规模越大的公司往往越谨慎保守。

玩家喜欢将他们的资产和权利从一个游戏带到另一个游戏，但是许多开发者却倾向于通过向玩家销售游戏中专用的商品来获得收入。因此，玩家"在别处购买，在这里使用"的能力危及了游戏开发商的商业利益。例如，第三方开发商可能会在定价上"竞相降价"，因为与游戏开发商不同，他们不需要在游戏的初始开发或运营上收回成本。

同样，在开放项目经济中，开发者也担心其创造的价值可能远超自身获得的价值。例如，开发者 A 可能会为游戏 A 生产皮肤 A，但结果是游戏 A 收益率下滑，而皮肤 A 成为开发者 B 的一个受欢迎（且有价值）的项目。在这种情况下，开发者 A 实际上为竞争对手创造了内容。

上述问题可以通过税收、关税、费用来解决一小部分，根据这些税收、关税、费用，项目的创造者每次进入第三方环境或交易时都会得到补偿。

令人惋惜的是，目前这个解决方案在技术上还难以实现。从本质上说，每个参与的开发者、发行者和中介者必须跟踪和管理最终数量无限的游戏内项目和相关数据，然后进行（可审计的）调节支付。这是可以做到的（参见银行系统），但是难度较大。

总体来说，基于区块链的收入不仅为主要开发者提供了获得更高收入的可能，而且为竞争对手提供了一个公平且不可能被操纵的系统。

5. 虚拟协作及资助

通过智能合同可以在几分钟内创建一个新的多成员实体，其间不需要签署文件，也不需要信用检查，甚至不需要直接了解成员。智能合同还能自动管理所有的支付流程、治理权、信息权。

智能合同可以用来构建一个"分散的自治组织"，无论是小型的、临时的，还是大型的、持久的。例如，Friends with Benefits（FWB）实际上就是一个会员俱乐部，会员代码被用来获取私人纠纷、事件和信息。一些人认为，FWB 要求用户购买令牌才能进入的模式，只是在复制每个独家俱乐部几个世纪以来的"会员费"模式，是在炒作之下衍生的工具。然而，这种说法误解了 FWB 令牌设计的传播效力。例如，会员并不支付年度会费。取而代之的是，他们需要购买一定数量的 FWB 代币以获得入会资格，持有这些代币以保留会员资格。因此，每个会员都是 FWB 的部分所有者，也可以通过出售他们的代币以离开 FWB。

FWB 代币随着会员俱乐部变得更成功或更有吸引力而增值，所以每个成员都会被激励为会员俱乐部投入时间、想法和资源。相对的，这种高度肯定和赞赏意味着会员俱乐部必须更加积极地发展，以赢得其在会员中的持续性和重要性地位。不仅如此，这种智能合同还可以用来直接奖励成员对会员俱乐部的贡献值，或者用程序欢迎新成员加入集体，作为一种入会仪式的奖励。

智能合同在"使集体的虚拟管理成为可能"方面起到了至关重要的作用。许多最昂贵的 NFT 不是由个人购买的，而是由数十名匿名加密用户组成的 DAO（去中心化自治组织），他们自己永远不可能购买这些产品。通过令牌，整个 DAO 可以决定这些 NFTs 的出售时间和最低价格，同时也可以管理支付。

　　区块链是一种中立的、分布式表达个人所有权的方式，是通向终极长期开放框架的最合理途径。在这个框架中，每个人都能控制自己的存在，不受把关的约束。这也是元宇宙为人类文明服务，为消费者实现更好的生活娱乐需求的一大证明。希望每个人都能切实地参与元宇宙中，享受元宇宙带来的便捷和福利。

五
Chapter 5
寻找元宇宙的风口

（一）从 Facebook 到 Meta——扎克伯格的野心

2021 年 6 月，扎克伯格宣布，Facebook 将努力构建最大限度的、相互关联的、拥有来自科幻小说般的体验——一个被称为元宇宙的世界。

扎克伯格在访谈中表达了他对元宇宙的看法和规划。扎克伯格说，元宇宙将给个人创作者和艺术家、希望远离城市中心的人们，以及生活在教育资源和娱乐机会较为有限的地方的人们带来巨大的机遇。

Facebook 的未来愿景是元宇宙。在扎克伯格看来，元宇宙是一个跨越许多公司甚至整个行业的愿景。很多人想到元宇宙时，他们想到的只是虚拟现实，但元宇宙不仅仅是虚拟现实，而是可以通过不同的平台进行访问（如 VR、AR、PC、移动设备和游戏平台）。也有很多人认为，元宇宙主要是关于游戏的。但扎克伯格认为，娱乐显然将是其中的一大部分，但不仅限于游戏，这是一个持久的、同步的环境，可能类似于我们今天看到的社交平台的某种混合体，是一个身处其中的环境。在未来 5 年左右，Facebook 有望从一家社交媒体公司转变为元宇宙公司。

扎克伯格表示，Facebook 研究的 VR/AR 技术主要用于游戏。如果需要我们整天戴着 AR 眼镜，那必须是看起来正常的眼镜，这意味着要把所有材料塞进一个大约 5mm 厚的眼镜框里，来建造我们 10 年前认为的超级计算机（拥有计算机芯片、网络芯片、全息波导、用于感知和绘制世界的设备，以及电池和扬声器）。这将是一个前所未有的、巨大的挑战，甚至可能是互联网行业在未来 10 年内面临的最大技术挑战之一。一旦挑战成功，用户便拥有了 AR 眼镜和 AR 头盔，这将带来一系列非常有趣的使用体验。

想象一下，只需打个响指，就可以启动你的"完美工作站"。无论走到哪里，你都可以走进星巴克，坐下来喝咖啡。挥动你的手，就可以拥有想要的显示器，将其设置成习惯的大小和模式，并带到任何想去的地方。

如果你想和某人交谈，或者正在解决一个问题，不需要给对方打电话，而是把内容传送过去，然后他们可以看到你分享的所有内容。他们可以看到你的显示器，以及你拥有的文档、代码或者正在处理的 3D 模型。他们可以站在你旁边互动，然后瞬间就可以传送回他们原来的地方。

看起来，这的确是一件很神奇并且充满魔力的事，对吧？

扎克伯格表示，这项技术的另一个令人期待的应用场景是开会。Facebook 已经在虚拟现实中进行了很多次会议。尽管并不像理想中那么逼真，但已经能让参会人员感觉到一种共享的空间感，而不是仅仅停留在屏幕表面。人们可以拉出他们想要的屏幕，这样就可以在会议期间分享需要的内容。

当然，提到元宇宙势必会提到关于信任与责任的问题。如果最后元宇宙只是遥不可及的镜花水月，众多的小型企业或投资公司因为这个"不切实际的概念"而竹篮打水一场空，那么这个责任需要由谁承担？

事实上，扎克伯格认为这是我们这个时代的核心问题之一。他表示，大力发展元宇宙存在明显的利弊。但积极的一面是，如果你回到二三十年前，很多人的个人机会和经历是由他们所在的地理位置决定的。

"我在镇上参加了少年棒球联盟，不是因为我天生就是一名棒球运动员，而是因为这是为数不多的活动之一。我想，镇上还有一个孩子对电脑感兴趣——我很幸运，那就是我的世界。"

"我认为当下最神奇的事情之一，而且我认为它会变得更加神奇，那就是拉平距离为人们创造了更多的机会。不仅仅是在某种意义上，今天的我不会被困在小镇里，我会找到对同样的事情感兴趣的人，这样我就可以探索编程，并围绕它建立一个更有活力的社区。"

元宇宙中每一种新消费模式的产生，都会释放巨大的能量，创造新的经济体。也就是说，扎克伯格对 Facebook 的终极规划，也将体现在这些层面上。

元宇宙的时代已经向我们走来了，我们带着期待参与其中是个不错的选择。

（二）风口上的元宇宙

2021 年，奇幻而又未被清晰定义的元宇宙成为创投领域的风口。

在元宇宙领域，*Roblox* 是公认的比较接近元宇宙概念的平台。2021 年上市前，*Roblox* 经历了 18 年的迭代与进化。当下的 *Roblox* 既是在线游戏创作社区，又是社交游戏平台。*Roblox* 向用户提供制作游戏的工具，用户可以在这个平台创作游戏。Roblox 公司的收入主要来自付费游戏和游戏内的虚拟商品。Roblox 公司的招股书显示，16 岁以下的用户占总用户的比例接近 70%。在 13 岁以下的儿童群体中，使用 *Roblox* 的时长甚至超过 YouTube 的使用时长。

Roblox 公司于 2021 年 3 月上市之后，大量与元宇宙相关的项目获得融资，甚至被并购。

与 Roblox 公司类似的 Manticore Games 公司在 2021 年 4 月获得软银、Benchmark 等机构共计 1 亿美元（约合人民币 6.6 亿元）的 C 轮融资。Epic Games 公司也于 2021 年 4 月宣布完成 10 亿美元（约合人民币 66.5 亿元）巨额融资，用以打造元宇宙。同年 6 月，与 Roblox 公司产品形态相似，采用 Unreal 引擎打造的 Unit 2 Games 被 Facebook 收购。

在中国，大量与 Roblox 公司产品形态相近的公司诞生。不论是 UGC 游戏平台、游戏引擎，还是虚拟偶像、虚拟通信、虚拟化社交，抑或是 R2V（Reality to Virtual，把现实变成虚拟）内容、技术相关，都受到了前有未有的关注与追捧。

从现有实践来看，目前元宇宙的实现形式以游戏（*Fortnite*）或社交（*VRChat*）应用为主。

Roblox 有与元宇宙相关的属性，但还不是完全意义上的元宇宙。打通了"内容生产-消费"闭环的 *Roblox*，其实更接近 Creator Economy（创作者经济）。

Roblox 本质上是一个 UGC 游戏平台。UGC 游戏平台概念最早可以追溯到《魔兽争霸Ⅲ》这款非常经典的游戏。为了解决游戏内容生产速度跟不上用户内容消费速度的问题，2002 年，《魔兽争霸Ⅲ》开

放了地图编辑器，利用这款编辑器，玩家可以任意设计地图与关卡玩法，更改游戏角色的技能。

DOTA 这款游戏就是从《魔兽争霸Ⅲ》的地图编辑器里诞生的。如今，游戏市场上《王者荣耀》（见图 5-1）和《英雄联盟》（见图 5-2）这类多人在线战术竞技游戏（MOBA）发端于《魔兽争霸Ⅲ》与 *DOTA*。

这款地图编辑器的限制在于其主要的美术资源和游戏逻辑只能来自《魔兽争霸Ⅲ》这款游戏，而用户希望获得更大的自由度，把不同主题和风格的设计放到游戏里，创造更多的玩法。

图 5-1　《王者荣耀》

图 5-2　《英雄联盟》

2009 年，一种新的游戏类型——沙盒游戏出现了。以 *Minecraft*（《我的世界》）为代表。该游戏是由一个个像素方块构造的，用户可以通过搭方块或结合一些简单的编程，构造属于自己的世界。但沙盒游戏仍然会限制用户的自由度，玩家不能更改底层的游戏框架。

相较于沙盒游戏，正式发布于 2006 年的 *Roblox* 给了玩家更大的自由度。*Roblox* 把游戏的生产环节分拆出来，变成一个独立的工具，提供给开发者。*Roblox* 有点类似于游戏引擎，但门槛更低，编程更简单。开发者可以根据 *Roblox* 提供的工具，创作不同的游戏，并且把他们放到 *Roblox* 平台上分发。

为什么说 *Roblox* 具有元宇宙的属性？

因为 *Roblox* 具备元宇宙几个比较重要的基本要素，包括人、生产工具和虚拟经济系统。

先来看人这个部分。*Roblox* 中的人包括玩家和创作者，这两种角色可以互相转换。每一个玩家都拥有自己的社交身份。玩家可以自由进入 2000 多万款创作者开发的游戏，还可以将现实的社交关系引入游戏，和好朋友同时进入一个游戏。

再来看生产工具。*Roblox* 给创作者提供了游戏制作平台 Roblox Stuido，允许创作者开发、发布游戏及其他内容。同时，*Roblox* 提供了云平台，保障用户能顺畅地体验平台的服务和基础内容。

除了人和生产工具，*Roblox* 还搭建了一套虚拟经济系统。在玩家这一端，*Roblox* 出售名为 Robux 的虚拟货币，玩家可以用 Robux 购买创作者设计的虚拟游戏道具。在创作者这一端，*Roblox* 提供了 Studio Marketplace 平台，供创作者出售道具建模等数字资产。

虽然 *Roblox* 具有元宇宙的属性，但为什么说 *Roblox* 距离真正的元宇宙还有一段距离？这就要说回元宇宙的 3 个核心特征：持续演进、"永远在线"、闭环的经济系统和互通性。这 3 个特征是环环相扣、循序渐进的。如果深入拆解，我们会发现当下的 *Roblox* 并不完全符合这 3 个特征。

元宇宙是一个无限存续的世界，你会一直在虚拟世界中，不存在所谓的暂停或结束。持续演进意味着元宇宙的世界能够持续进化，可以像现实世界一样自我进化、自我发展，能够产生人在各个阶段所需要的内容。此外，在这个多方共建的平台上，内容生产的速度要能够跟得上内容消费的速度。

而目前 *Roblox* 的用户是受限的，主要以低龄用户为主，25 岁以上的用户仅占总用户的 14%。显然，*Roblox* 还没有实现"破圈"。*Roblox* 需要拓展用户的年龄层，让成人和儿童都乐在其中，并努力拉长用户生命周期。

一个持续发展的世界建立起来之后，还要保证用户"永远在线"。"永远在线"是指元宇宙提供了大量模拟现实世界的场景，能够让人把生活的更多部分纳入，包括工作、娱乐、社交等。而目前 *Roblox* 只满足了用户部分娱乐、社交的需求，距离囊括一切现实世界里的人、事、物还有一段距离。

此外，"永远在线"需要更先进的技术支撑。元宇宙只有具备非常强大的基础设施，才能够保证足够多的人同时在同一个世界里互动。此外，为了确保"永远在线"，还要尽可能减少修复 Bug、更新等行为，因为这些行为会中断用户的在线行为。

理想中的元宇宙像一个统一世界，能同时容纳百万级甚至千万级的人，这背后需要强大的高并发的实时基础设施。游戏公司在这方面的技术领先度是最强的。不过当下代表技术极高水平的游戏，也仅能支持 100 人同时在同一个房间。*Roblox* 里的单个游戏房间，能够容纳的用户数量也仅为十几个。

当用各类工作、娱乐的场景吸引用户之后，还要有一套成体系的闭环经济系统，使人与人建立连接，能够让人在元宇宙里谋生，即在交易市场里完成交易闭环。

目前，*Roblox* 仅仅打通了"内容生产–消费"这个闭环经济系统，也就是实现了创作者经济。但创作者经济只是整个闭环经济系统的一小部分，元宇宙应该容纳更加多元的经济形态。未来，电商、心理咨询、健身等场景将被纳入元宇宙生态。

互通性则是指在元宇宙中，各种协议和格式是可以兼容的，且不同平台和系统之间能够互通。但是，*Roblox* 目前只是单一的平台和系统，没有容纳更多的外部系统。

对于互通性，Epic Games 公司创始人 Tim Sweeney 在接受 *Medium* 专栏作者采访时称："元宇宙将成为一种我们尚未真正见过的大规模参与型媒体。元宇宙不是由某一家头部企业建造的，而是数以百万计的人的创意作品。"

整体而言，元宇宙是 *Roblox* 这类平台的远景。元宇宙最终可能是由多方共同建造的，可以兼容各类平台和系统、各种协议和格式，同时适配 PC、手机等各种硬件。

听上去还是比较抽象，但我们可以试着从现实世界寻找参照物。元宇宙不是游戏，因为游戏的受众是有限的，且游戏内容生产的速度通常无法满足内容消费的速度。元宇宙将不同于虚拟/数字经济，因为在把传统的经济形态"搬"到网上这件事，移动互联网已经表现很好了。元宇宙显然也不是线上迪士尼乐园，因为迪士尼乐园是由一家公司主导所有的内容生产和服务，与元宇宙的多方共建相左。此外，元宇宙也不太可能是个新的应用商店。应用商店底层的结构也不同于元宇宙，其本质是一部分人生产内容给另一部分人用。但在元宇宙的世界里，是所有人参与创造、所有人参与消费。

我们认为，元宇宙是对现实世界的模拟，是和互联网同一层级的宏观概念，是一种更具沉浸性的互联网。元宇宙的终局有可能是用户把意识上传，整个人融入，"永远在线"。

这个终局听起来似乎很遥远，还有点玄幻。不过，回看互联网的发展路径，我们发现，整个互联网的发展是由用户在线时长的不断提升推动的。联网设备升级、联网成本降低之后，人们逐渐摆脱实体，转移到数字空间。元宇宙的发展路径可能与互联网类似。

在 PC 时代，受限于设备不便于移动和上网资费较贵，人们的在线时长有限，电脑中的应用软件也不够丰富。当 PC 端的联网方式从窄带变成包月宽带之后，人们上网的资费限制少了，只剩下设备限制。伴随着智能手机的出现与普及，设备从不可移动的 PC 变成可移动的手机，我们每天接触设备的时间变长了。叠加 4G、5G 基础设施的建设及手机流量资费的持续下降，人们的在线时长进一步提升。

根据 QuestMobile 发布的数据，2020 年 2 月 10 日至 2 月 16 日这一周，中国全网用户移动互联网人均单日使用时长达 456 分钟（7.6 小时）。一天近 8 小时的在线时长，对于用户来讲已经很饱和了，增长空间不大。某种程度上，人们每天使用手机的时间分配开始变得相对固定，也就能比较明确地知道，每天多少时间用于微信，多少时间用于刷抖音、逛淘宝。

因此，元宇宙要想迈向"永远在线"，摆在面前的最大的问题是如何不断拉长用户的在线时长，寻找增量的用户时长。

关于用户在线时长的增长有两个思路：一是 VR 等新设备创造更具沉浸感的线上体验，进而带来新的增量时长；二是把传统意义上，人们花在线下的时长转化到线上。

给用户提供新的设备意味着当用户不用手机的时候，他们可以在其他设备带来的新场景里投入时间。假定手机的使用时长不变，用户每周多花 1 分钟时间在游戏主机上或 VR 设备，也就产生了 1 分钟的在线时间增量。同时，VR 设备本身贡献了感知世界的新维度，能够改善用户的线上体验，提升用户的在线时长。

另一种演进路径是寻找明确的"线下场景线上化"的机会。现在很多年轻人会在线下听 Live、玩剧本杀、唱 K、逛展览，这些活动会占据四五个小时的时间。如果我们能够把这些线下的行为转移到线上，也会增加用户的在线时长。

Travis Scott 的《堡垒之夜》演唱会吸引了 1230 万名观众，刷新了该游戏史上最多玩家同时在线的音乐 Live 成绩。作为元宇宙的一种表达形式，这场演唱会成为一个具有标志性的事件，在整个欧美，甚至全球引起轰动。

除了在游戏里开一场演唱会，海外已经有不少公司开始沿着"线下场景线上化"的路线演进，如得到诸多好莱坞明星、音乐人和唱片公司支持的虚拟演唱会供应商 Wave 等。

最终，人们将进入沉浸式互联网的阶段。彼时，用户的在线时长可能是 8 个小时左右的手机在线时长加上新增设备的在线时长，再加上"线下场景线上化"的时长。

（三）移动互联网的继承者

在元宇宙中，虚拟平台被定义为"开发和运营沉浸式的数字模拟、环境和世界，用户和企业可以在其中探索、创造、社交和参与各种各样的体验（如赛车、画画、上课、听音乐）。这些活动有别于传统的在线体验和多人视频游戏，由于存在由开发者和内容创作者组成的大型生态系统，可在底层平台上产生大部分内容或收取大部分收入"。

在可预见的未来，我们大多数人将通过面向消费者的、互动的和沉浸式的虚拟平台与正在萌芽的元宇宙对接。这些虚拟平台可以通过各种设备（如 VR 头盔）访问，我们将在这里闲逛、购买/展示物品、合作/建设、学习/表演、工作/放松、消费和体验。

当今最受欢迎的虚拟平台是 *Roblox* 和 *Minecraft*，正如移动互联网的评价指标是智能手机的渗透率和使用率，以及应用程序开发人员的数量及其收入，这些虚拟平台的增长很容易跟踪，其评价指标包括活跃用户总数和参与度，以及活跃用户总支出和开发人员收入。在过去 10 年里，上述指标都在增长，至少目前来看，还能持续增长。

必须强调的是，虚拟平台是虚拟世界的一个子集，而非同义词。热门多人游戏《使命召唤》即使有大量用户修改，也不是一个虚拟平台，而是一个虚拟世界和游戏。《塞尔达传说》的最新版本是一个开放世界的沙盒游戏，不是一个虚拟平台，更不是一个具有开发者和 UGC 功能的在线多人游戏。《动物之森》也不符合这个定义。《动物之森》能够丰富地定制物品，然后出售或交易，但并不意味着是一个虚拟平台。

一个虚拟的元宇宙平台必须具备（相对不受约束的）技术能力（引

擎+工作室+工具）、支持服务（预制构件和资产市场、语音聊天、玩家账户、支付服务）、运营经济（即与平台上的创造者/开发者共享的消费者消费，以及创造者/开发者利润）。更好的技术和工具带来了更好的体验，也带来了更多的用户和人均消费，这意味着更多的平台利润，通过这些利润可以生产更好的技术和工具，以及更大的创造者/开发者利润，还能获得更好的体验，从而吸引更多的开发者和用户。

最重要的是，这些要求并不局限于游戏。例如，Snap 正在努力成为一个增强现实和基于位置的元宇宙平台，该平台是围绕其账户和头像系统（Bitmoji）建立的。Niantic 也在努力开发一个"用于当前和未来几代 AR 硬件的星球级增强现实平台"。而这很可能会整合到《宝可梦 GO》中，该游戏继续扩大其 UGC 能力，并且仍然是全球最大的移动游戏及最大的 AR 游戏之一。Facebook 正在开发自己的 VR 和 AR 平台，而微软继续通过其 HoloLens 平台（整合到其 *Minecraft* 虚拟世界）追求同样的机会。

NVIDIA 的 Omniverse 是另一个很好的例子。该服务帮助企业将各种数字资产（无论其格式或引擎如何）汇集到同一个虚拟环境中。这是一个交换解决方案，而不是严格意义上的平台。因为 Omniverse 只是让企业能够使用更多的文件格式，特别是与使用不同技术栈的第三方进行合作，但不难看出这是一个发展方向。

香港国际机场是用 Unity 设计的，这是一个著名的游戏引擎。使用 Unity 并不是因为它是设计机场的最佳工具，而是因为它在模拟方面的优势。作为一个游戏引擎，Unity 不仅可以渲染不存在于现实世界的环境，而且可以对火灾、洪水、停电、跑道堵塞及紧急情况下的人流进行真实的压力测试。Unity 被用于诸多领域，从工业工程到电影。Unity 在解决方案前进行机器人模拟如图 5-3 所示。

图 5-3　Unity 在解决方案执行前进行机器人模拟

随着现实世界向虚拟世界转变，以前独立的模拟有可能相互连接。想象一下，将香港国际机场与当地的高速公路连接起来，对交通流进行情景测试；随后再连接到管理交通的路灯系统，即可获取当地电网上每辆车的精确信息。

Omniverse 的优势是可以做到这一点，而不考虑正在使用的文件格式和模拟技术。换句话说，一切都不必在 Unity、Unreal 或 AutoCAD 上。虽然目前 Omniverse 是用于设计和测试的，但可以想象，NVIDIA 使用这项技术，加上其自身的工业计算能力，可以现场操作整个虚拟世界的大部分内容。

其他公司希望从其他角度进行尝试。Matterport 使房地产所有者能创建其房产的生动副本。买家、租户、供应商、建筑专业人士和服务提供商都可以通过 3D 建模来了解潜在的问题和机会，而这是蓝图或照片无法做到的。下一步是整合实时数据，进行动态设施或街区系统模拟，融入电力、安全、暖通空调、天气和交通的实时或模拟流动，并试图将这些数字孪生体连接起来。PTC 公司希望通过工业 AR 来实现这一目标。

还有一些虚拟平台试图利用区块链取代 *Minecraft* 和 *Roblox* 等。这些虚拟平台包括 *Decentraland*、*The Sandbox*、*Cryptovoxels*、*Somnium Space* 和 *Upland*，甚至还有几十个正在开发中。这些虚拟平台为用户或玩家提供了真正拥有游戏中物品或土地的机会，这比获得现实世界收入的诱惑要大得多，因为这意味着直接参与虚拟平台整体价值增长，有时甚至对其有部分治理权。如果用户喜欢玩《堡垒之夜》或使用 Instagram，那现在告诉他们可以从中获利或帮助管理虚拟平台，会吸引更多用户的使用和投资。

科技界和游戏界认为，未来还会有更多公司加入虚拟平台的竞争中。例如，Riot Games 收购了 Hypixel Studios，该公司之前运营着最大的私人 *Minecraft* 服务器，关闭后又建立了自己的沙盒平台。一些资金充足的初创公司或工作室，如 Mythical Games、Playable Worlds 和 Singularity 6，也在不断壮大。

（四）元宇宙产业拼图

VR、AR、3D 和脑机接口技术不断进步，加上元宇宙概念公司 Roblox 的上市，众多公司开始布局元宇宙，元宇宙的产业拼图也日渐趋于多样化。

1. 虚拟世界即将照进现实

作为元宇宙"第一股"的 *Roblox*，是一款真正的平台型游戏产品，兼容虚拟世界、休闲游戏和自建内容。

Roblox 游戏中的大多数作品是用户自行建立的。从 FPS、RPG 到

竞速、解谜，全由玩家操控这些圆柱和方块形状组成的小人们完成。在游戏中，玩家可以开发各种形式的游戏，不仅包括低配《绝地求生》《守望先锋》等，而且包括许多脑洞大开的原创游戏，如《皇家学院》等。让玩家体验游戏乐趣的同时，也让创作者体验创作乐趣。

Roblox 定义元宇宙有八大特点：身份、朋友、沉浸感、低延迟、多元化、随时随地、经济系统、文明。人在元宇宙中首先具备虚拟身份，在此基础上，可以和虚拟世界中的人交朋友，这种虚拟社交的基础则是高沉浸感、低延迟及随时接入的能力。此外，元宇宙应该有大量的内容来引起人们的兴趣，因此需要多元包容，同时也需要合适的经济系统和文明。

从产业端来说，这既包括对消费者的虚拟世界构建和服务，又包括从互联网基础设施和理论层面对计算机技术的进一步挖掘。虽然互联网公司已经开始对产业进行一些投资，但总体与元宇宙本身的概念相距较远。

元宇宙的火爆不是偶然的，而是各种技术成熟到一定程度质变的产物。以显卡为例，2020 年 9 月，NVIDIA 正式发布了基于 Ampere 架构的 GeForce RTX 30 系列显卡，包括 RTX 3090、RTX 3080、RTX 3070 3 款型号。

从性能来看，根据 NVIDIA 官方数据，新产品对比 Turing 架构的上一代产品性能提升 2 倍、能效比提升 1.9 倍，可以实现实时光线追踪及 AI 游戏体验。

从软件层面看，Epic Games 公司于 2020 年 5 月发布新一代虚幻引擎 5 的宣传资料，虚幻引擎 5 主要引入了两大新技术。一个是渲染技术 Nanite，能够直接在游戏里表现影视级别的超高精度模型。另一个是动态全局光照技术 Lumen，在演示过程中，改变太阳照射的方向，山洞里的阴影和反光即时发生变换。没有使用光线追踪，却实现了类似光线追踪的效果。

从产业落地看，目前的建模能力已经达到了接近真实的效果，但总体建模成本较高，难以实现大范围商用。

从产业整体看，终端性能提升和软件服务能力提升是电子信息和计算机产业的趋势。高性能可以带来更加真实的体验，提高构筑虚拟世界的能力。

作为与元宇宙直接相关的 VR/AR 行业，经历了热潮、低谷、复苏，迎来了新的拐点。

以爆款产品 Oculus Quest 2 为例，根据其开发工作室 Rec Room 提供的数据显示，截至 2020 年 10 月，第二代产品的销量比初代产品的销量提升了 250%。海外调研机构 SuperData 在 2020 年第 4 季度的 VR 市场报告指出，Facebook 旗下 VR 品牌 Oculus 占据绝对的市场主导地位。Oculus Quest 2 销量超过 100 万台，而排在第二位的 PlayStation VR 销量仅为 12.5 万台。

此外，华为 VR Glass、Pico Neo 2 等一体式头显终端均可通过串流功能不再受制于移动平台的功耗与渲染算力，跨终端形态的使用融通性显著提高。

从产业结构看，终端器件市场规模占比位居首位（2020 年占比超过 40%）。随着传统行业数字化转型与信息消费升级等常态化，内容应用市场将快速发展，预计 2024 年市场规模超过 2800 亿元。

2. 技术日趋成熟，VR/AR 产业变革来临

在 VR 头显硬件配置方面，高通 XR 芯片、Fast-LCD 屏幕、菲涅尔透镜成为主流硬件方案，6DOF 及 Inside-Out 成为主流显示交互

方案。在处理器上，高通 XR 已成为当前 VR 主力芯片。在屏幕显示上，4K、70Hz 的 Fast-LCD 屏幕成为消费级 VR 的主流屏幕，能有效降低纱窗效应和眩晕感。在光学上，普遍采用菲涅尔透镜方案。此外，短焦方案由于其产品体积小、厚度薄，已有越来越多的厂家跟进。在追踪显示上，VR 头显逐步升级到 6DOF，Inside-Out 成为主流。

VR 终端的硬件部分主要由处理器、存储器、屏幕、光学显示器件、声学器件、壳料、辅料构成。Oculus Quest 2 采用高通骁龙 XR2 芯片组、闪迪内存、JDI（日本显示器公司）和夏普的 LCD 显示屏、两片菲涅尔透镜、国产锂电池组、4 个外部摄像头，实现了更轻的质量、更紧凑的结构、更精准的交互和更高的图像性能。

处理器、存储器和光学显示器件在 VR 终端成本中占比较高，产业链相对成熟。目前，VR 产品的使用场景主要是游戏和视频，以图像处理和显示为功能重点，因此，在硬件成本中，负责计算、渲染和图像处理的 CPU 和 GPU 占比较高（约为 16%）；VR 也需要较高的内存，存储器成本占比为 27%；包括屏幕和光学显示器件在内的显示器件占比约为 40%。

VR 硬件的产业链较为成熟，与智能手机重合度较高，许多领域的技术积累可以复用。VR 产业链包括传统显示屏厂商 JDI、夏普、京东方、华星光电、深天马等，传统光学厂商舜宇光学科技、联创电子等，声学厂商歌尔股份、瑞声科技等，精密结构件厂商立讯精密、领益智造、长盈精密等，以及代工厂歌尔股份等。

2020 年上市的 VR 产品尚未形成统一的形态和主流的技术路线。在产品形态上，一体式、分体式共存。在技术路线上，轻薄化、类普通眼镜是发展的必然选择。目前，VR 产品的发展仍受限于底层核心技术，特别是光学、显示技术和电池续航等技术。

（五）"逐鹿"即将开始

在科幻电影《银河系漫游指南》中，一个具有高级文明的超维度物种为了寻找关于终极问题的简单答案，构造了一台超级计算机深思（Deep Thought）。这台超级计算机不断地运行、模拟与计算，只为了求解出一个问题的答案：生命、宇宙及任何事情的终极答案是什么。

经过 750 万年的计算，深思最终计算出了一个结果：数字 42。但是对于这个结果，没有任何文明能够理解，即便是超级计算机也只能够得到数学含义上的答案，并没有办法给出进一步的解释。所以，对于这个答案的解释又必须由另一台更高智能的计算机进行运算，而这台更高智能的计算机就是地球。

然而荒诞的是，地球不断地计算着，就在答案即将被计算出来的前 5 分钟，地球因为阻挡外星工程被瞬间清除了，关于这个终极问题的答案都消失了。

这是一个讽刺却严肃的科幻故事，我们可以看到，智慧文明总是在寻找意义的过程中，不知不觉毁灭了意义。事实上，终极问题的答案就藏在生活中，任何脱离这条路径的寻找方式都是荒诞的，但也正是如此，才显得这场资本与科技的盛宴极为有趣。

自元宇宙术语诞生起，围绕这一主题的讨论从未停止，无论是有关其概念的讨论还是路径的实现，每个时代的先驱者都在按照自己理解的方式努力探索着。

从 *MUD*，到 *Habitat*、*ActiveWorlds*、*Second Life*、*Roblox*、*Blue Mars*、Solipsis，再到如今的 *Minecraft*、*Oasis*、*CryptoVoxels* 等，大家都从不同的维度去理解、认知和感受元宇宙，并不断在过程中寻找其

中的意义。无论对最终结果的态度是肯定的还是否定的，探寻本身的过程就是有意义的。

正如《银河系漫游指南》中寻找宇宙和生命的意义一样，我们整理了"元宇宙漫游指南"，立足历史的演变及发展，寻找元宇宙的意义和方向。

1. 启程：虚拟世界的发展

发展的实质是新事物的产生与旧事物的灭亡，但旧事物本身的存在是不能被忽略的。在科幻小说《雪崩》中出现"元宇宙"一词之前，相似概念的愿景及为该愿景提供养分的时代产物就出现了。只不过关于这个愿景的描述，在历史的发展中以不同的技术形态或未被抽象化的概念所记载。

被阶段性提及较为高频的词是 Virtual World（虚拟世界）。2013 年，JDN Dionisio 发表了论文 "3D Virtual Worlds and the Metaverse: Current Status and Future Possibilities"，深入探讨与归纳了虚拟世界的发展阶段。

在该论文中，虚拟世界是一种持续在线的计算机生成环境，位于不同物理位置的用户可以为了工作或娱乐的目的进行实时交互。JDN Dionisio 将虚拟世界的发展划分为 5 个阶段（见图 5-4）。在此基础上，笔者进行了丰富与完善。第一阶段：20 世纪 70 年代末期，基于计算机文本交互构建的虚拟世界；第二阶段：20 世纪 80 年代，具有图像交互界面及社交元素的虚拟世界；第三阶段：20 世纪 90 年代中期，包含 3D 图像、用户创建内容及开放式社交的虚拟世界；第四阶段：21 世纪初期，包含较为完善的经济系统、UGC 工具及较高图像质量和保真度的虚拟世界；第五阶段：2007 年，去中心化治理的虚拟世界。

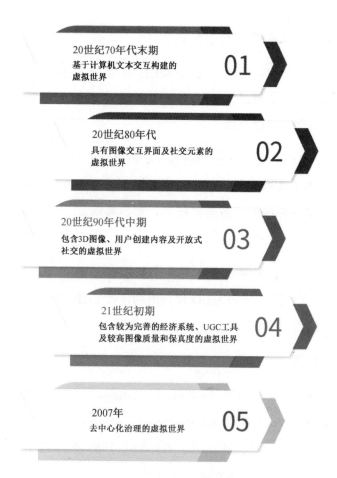

图 5-4　虚拟世界的发展阶段

第一阶段：基于计算机文本交互构建的虚拟世界。

该阶段始于 20 世纪 70 年代末期，虚拟世界的构建主要基于计算机文本。进一步来说，主要有两种类型：MUDs（Multi-User Dungeons）及 MUSHs（Multi-User Shared Hallucinations）。

MUDs 主要包含了玩家对奇幻现实的创造。狭义上，MUD 指的是 1978 年的 MUD1，即玩家直接使用终端模拟程序进行的联机游戏，主要以文字叙述的方式呈现。玩家通过输入类似自然语言的指令与虚拟世界中的其他玩家或 NPC 进行交互。

MUSHs 指的是更具社交性的 MUD 实现，允许多人在同一个人工环境中互动。在这里，玩家更多地以协作的方式解决问题，而不仅仅是完成任务和与怪物对战。

在这一阶段，用户看到的是基于计算机文本创建的环境，玩家只能通过输入文本命令与环境进行交互。而对这个虚拟世界未知的探索、与怪物的对战和任务的执行等，都是靠玩家无尽的想象力来实现的。

恰好是依据与计算机文本互动的方式，玩家们才可以构建符合自己期望的虚拟世界。正如 MUD 游戏的创建者 Richard Bartle 所说，"我的兴趣是创造世界，而不是生活在他人创造的世界中。"

第二阶段：具有图像交互界面及社交元素的虚拟世界。

该阶段发生在 20 世纪 80 年代，Lucasfilm（卢卡斯影业）受到 1984 年 William Gibson 出版的 *Neuromancer*（《神经漫游者》）的部分启发，1986 年为 Commodore 64 引进了 *Habitat*，1989 年为 Fujitsu Platform（富士通平台）引进了 *Habitat*。

Habitat 是一款 MMORPG（大型多人在线角色扮演）游戏，是大规模进行商业化虚拟世界的首次尝试，也是第一个包含图形界面的虚拟世界。同时，*Habitat* 是第一个在虚拟世界当中使用 Avatar 来描述其数字居民的游戏，这意味着每一位用户拥有了第三方视角的自己。

每个玩家将自己的 PC 作为前端，通过 Commercial Packet（数据交换网络）与中央后端系统进行通信。前端主要为玩家提供用户界面，生成实时动画以显示正在发生的事情，并将玩家的输入转换为后端请求。后端负责维护游戏世界模型，执行规则并让每个玩家在前端了解不断变化的世界状态。此外，后端让玩家不仅与游戏世界互动，而且与其他玩家进行互动。

玩家所控制的角色可以四处移动，拿起、放下和操纵物体，还可以彼此交谈、做出手势等。控制主要通过操纵杆，让玩家能够指向物体并发出命令。对话则通过在键盘上打字完成，玩家输入的文字会显示在所控制的角色头顶。

Habitat 是一个即使在现在来看也非常庞大且具有想象力的游戏。正如 *Habitat* 项目负责人 Chip Morningstar 及 F. Randall Farmer 所描述的愿景，在这个虚拟世界中，用户可以交流、玩游戏、冒险、恋爱、结婚、创业等。

产生这样的愿景主要源于 *Habitat* 本身的理念，即 *Habitat* 是开放且多元化的。在这个世界中，设计者并没有为虚拟世界的数字居民提供一系列的固定目标，而是提供了可供玩家选择的各种活动，这是由玩家内在倾向驱动的。

在这一阶段，虽然 *Habitat* 提到了让玩家自己驱动设计，但主要的实现路径还是游戏设计者观察玩家们在游戏世界中做什么，然后在其中帮助他们，并且不断地在系统当中添加玩家满意的新功能和新区域。

在 1990 年召开的第一届网络空间国际会议中，Chip Morningstar 及 F. Randall Farmer 也梳理了自己对 *Habitat* 项目的思考，并发表了文章 "The Lessons of LucasArts Habita"，其中提到了项目所设计的一项寻宝活动——D'nalsi Island Adventure（德纳利斯岛的冒险）。

这项活动耗费了工程师大量的时间规划和设计，在预期上，设计师们认为玩家会用几天的时间去体验。没想到的是，有的玩家确实获得了很好的体验，但有的玩家很快就体验完了，甚至有的玩家没有去体验，然后耗费了大量人力和财力的数字内容在短期内就被消耗了。

由此可见，*Habitat* 项目的制作人意识到，在虚拟世界中设计的数字内容并不一定令所有玩家满意，因此，愿意将一部分设计权利转移到玩家手中，以此提高虚拟世界的游戏体验。但在该阶段，还未出现游戏内部的 UGC 开发工具，主要还是由项目方的游戏设计师来继续创造。

首先，我们可以发现在虚拟世界的呈现方式上，其构建从计算机文本转至图形界面，这就意味着从需要玩家依靠自己大脑进行想象与创造的过程，降维到只需要依靠项目方所创造的具化模型上，也就是简化了大脑对于信息处理的过程，从而带给玩家更直观的感受。对于大众玩家来说，更简单、直观的画面会带来直接的感官刺激，而不需要太多的想象空间，这也是为什么 MUD 会湮没在历史的长河中。

其次，正如 *Habitat* 对 Cyberspace（赛博空间）的思考，赛博空间更多地是由其内部参与者之间的互动来定义的，而不是由其实施的技术来定义的。所以在这一阶段，构成虚拟世界的重要元素中增加了多人互动及社交。

最后，在游戏体验方面，游戏设计者逐渐意识到需要将一部分设计权利转移到玩家手中，所以出现了依据玩家在游戏中的表现来设计游戏当中的场景和功能的路径，为 UGC 开发工具奠定了基础。

第三阶段：包含 3D 图像、用户创建内容及开放式社交的虚拟世界。

第三阶段始于 20 世纪 90 年代中期，计算机的处理能力及图像技术都取得了进步，在虚拟世界的发展中，出现了用户创建内容（User-

Created Content)、3D 图形、开放式社交（Open-Ended Socialization）等技术和应用。

1994 年，Ron Britvich 创建了 WebWorld（网络世界），这是一个能让数万人聊天、建造和旅行的"2.5D 世界"。不久之后，Ron Britvich 便转到 Knowledge Adventure Worlds（后来成为 Worlds Inc.），在那里与其他设计师一起开发 *AlphaWorld*。

1995 年，*AlphaWorld* 以其 3D 网页浏览器的名字重新命名，更名为 *ActiveWorlds*。紧接着，*ActiveWorlds* 迅速成为重要的 3D 社交虚拟世界，吸引了成千上万的用户，规模呈指数级增长。

用户登录 *ActiveWorlds* 世界后，能够探索其他用户创建的 3D 虚拟世界和环境。此外，用户可以互相聊天，也可以自行构造建筑。*ActiveWorlds* 允许用户拥有自己的世界或宇宙，并允许他们开发 3D 数字内容。

随着 *ActiveWorlds* 的发展，逐渐出现以下特征和场景。

（1）建造（Building）。允许用户创建自己的世界或宇宙，但是不允许任何人侵犯其他用户已声明的领土。若用户希望协作构建，则可以彼此共享特权密码，即输入另一个用户的特权密码，就可以授予该用户修改其建筑的权利。

（2）聊天（Chat）。在 *ActiveWorlds* 的通信中，需要与该地区的其他人保持 200 米以内的距离。也可以通过 Telegram 进行交流，而不受时间和地点的限制。

（3）世界（Worlds）。*ActiveWorlds* 被划分为多个世界（2008 年大约有 800 个世界），这些世界要么属于 *ActiveWorlds* 本身，要么属于个人用户，并且用户可以从 *ActiveWorlds* 的网站购买。此外，这些世界存在物理边界，其拥有者需要维护一个权限列表，并将某些权限分配给世界内的用户。

（4）宇宙（Universes）。像世界一样，用户可以购买并拥有属于自己的宇宙，这个宇宙可以包含一个独立的世界，或者像 *ActiveWorlds* 本身一样，拥有多个世界。随着 *ActiveWorlds* 的发展，宇宙的所有者直接从 *ActiveWorlds* 购买宇宙服务器升级服务。

（5）机器和软件开发包（Bots and Software Development Kit）。一是可以帮助用户自动完成一些简单的任务，如聊天、提供天气和旅游信息、进行复杂的资产管理等。二是可以开发与数据库和其他技术交互的游戏，提供一个可扩展的游戏平台。三是使用 SDK 还可以开发许多潜在的应用程序，如可以自动探索世界并创建地图的程序、实现人工智能功能的聊天程序等。

随着 *ActiveWorlds* 的发展，延伸类似现实世界的一系列社会行为，如所属权的归属、身份的确定、群体的分化等。论文"ActiveWorlds: Geography and Social Interaction in Virtual Reality"梳理了 *ActiveWorlds* 中关于社交活动的特征。

（1）公民身份（Citizenship）。进入 *ActiveWorlds* 的人要么是游客，要么是付费公民（公民身份每年花费 19.95 美元，约合人民币 127 元）。游客可以像公民一样进入所有的公共空间，但是他们并没有和公民一样的选择范围，只能在特定的区域建造房屋，并且这些建筑可以被摧毁。

（2）财产权（Property Rights）。在 *ActiveWorlds* 中有两种类型的空间或财产。一种是公共空间，即允许任何人在未被占用的空间上构造建筑的空间；另一种是私有空间，即该空间只能由特定的所有者构造建筑，因为他们已经为财产权支付了费用。

（3）角色和群体分化（Roles and Group Differentiation）。在虚拟世界中会存在一些充当特定功能的角色（NPC），以辅助新手用户执行某些特定行为。此外，不同的世界会吸引不同的用户群体，如具有特定信仰的世界等，进一步分化成各种各样的群体。

从以上内容我们可以大致归纳第三阶段虚拟世界发展的特点。

（1）在图像层面，从 2D 上升为 3D，进一步增加玩家在虚拟世界中的沉浸感。

（2）在社交层面，随着通信技术的提升，用户能够与更多的其他用户进行实时的通信与交流，进一步提升虚拟世界的社交属性。

（3）在用户创造层面，增加用户创造数字内容的工具，在满足用户创造虚拟世界的同时，大大丰富了虚拟世界中的数字内容。

（4）在数字资产所有权层面，赋予用户在虚拟世界中更大的权利，逐渐出现了数字资产所有权的归属（如私人空间的土地不可被侵犯）。

（5）在社区自治层面，虚拟世界中允许存在不同信仰的用户，并且拥有不同信仰的用户愿意为了相同的信仰自发地做出贡献，逐渐形成自治组织。

（6）在经济体系层面，*ActiveWorlds* 中并没有出现虚拟经济。

第四阶段：包含较为完善的经济系统、UGC 工具及较高图像质量和保真度的虚拟世界。

第四阶段发展于 21 世纪初期，其特点是商业虚拟世界（如 *SecondLife*）的用户群急剧扩张、虚拟世界内容创建工具增强、虚拟经济发展及图形保真度的逐步提高。

如 *ActiveWorlds* 一样，*SecondLife* 同样允许用户在虚拟世界中创建一些物品或建筑，但不同的是，这些被创建的物品或建筑可以通过虚拟世界中的虚拟货币（Linden Dollar）进行交易。

Linden Dollar 可根据汇率的浮动兑换美元，用户可以使用信用卡在两种货币之间进行转换。此外，用户还可以在虚拟世界中销售他们的创作，从土地到虚拟服装和配件，再到内部的一些游戏。

（1）第二人生（*SecondLife*）3D 建模工具

2004 年，用户 Nathan Keir 创造了一款名为 *Tringo* 的虚拟世界游戏，这是第一款使用 *SecondLife* 3D 建模工具开发的存在于其内部世界的游戏。

这款游戏在 *SecondLife* 中非常畅销，Nathan Keir 通过向 *SecondLife* 的其他用户出售该游戏的副本，在现实世界中赚到了 4000 美元（约合人民币 27000 元）。另外，该游戏还吸引了 Donnerwood Media 的注意，后者以 5 位数的价格向 Nathan Kier 购买了 *Tringo* 的授权，授权范围包括任天堂的 Game Boy Advance（便携式游戏机）在内的多个平台。

（2）第二人生商业帝国（Tringo in *SecondLife*）

一名化名为 Anshe Chung 的用户在 *SecondLife* 中创建了自己的商业帝国，购买虚拟世界中的虚拟房产，并将其细分为不同的主题用于出租或转售，从而获得百万美元的收入。Anshe Chung 还登上了 2006 年 5 月《商业周刊》的封面。

（3）钟安社（Anshe Chung）

在 *SecondLife* 中，Anshe Chung 所拥有的财富主要为虚拟房产（相当于 36000m² 的土地，由 550 台服务器支持）。除了虚拟房产，Anshe Chung 还拥有数百万 Linden Dollar、几个虚拟购物中心，以及几个虚拟品牌。在现实世界中，Anshe Chung 创建了自己的工作室。

（4）钟安社虚拟投资机构（Anshe Chung Portfolio）

随着对图像要求的提升，诞生了由另一家公司创建的虚拟世界。2009 年，Avatar Reality 发布了 *Blue Mars*，这是一个构造 3D 虚拟世界的平台，允许第三方用户创建虚拟世界、MMOG（大型多人在线游戏）、商店、娱乐场所，以及定制服装、家具和其他虚拟物品。

（5）蓝色火星虚拟社区（*Blue Mars*）

Avatar Reality 通过使用当时最先进的 CryEngine 2（最初是 Crytek 为游戏应用开发的引擎），将更高质量的图像融入虚拟世界。此外，该平台还包含了动作捕捉动画及 3D 内容编辑器等（Crytek Sandbox Tool）。同时，数字内容也可以在第三方的 3D 图像编译器上创建，只要符合规定的格式即可。

在该阶段，虚拟世界在商业化的方向上走得更远，*SecondLife*、*Blue Mars* 或具有相同概念的其他虚拟世界都在其内部世界创建了虚拟货币，这套能够与现实世界法币兑换的模式逐渐构造了一个庞大的经济系统。

用户可以在虚拟世界中创建或更改内容，并且可以依靠该经济系统在虚拟世界中获取利润，从而进一步促进 UGC 的发展。随着图像技术的加强，虚拟世界中画面的呈现也更加真实，增强了用户在虚拟世界中的沉浸感。

第五阶段：去中心化治理的虚拟世界。

这一阶段始于 2007 年，主要特征为对 3D 虚拟世界开发的去中心化。Solipsis 由 Joaquin Keller 和 Gwendal Simon 设计，是一个能够供多人共享免费、开源的系统。

Solipsis 的核心目标是创建一个尽可能不受私人利益（如服务器所

有权）影响的虚拟世界。为了实现这一目标，Solipsis 基于点对点模型创建，而非传统的服务器模式。此后，许多其他开源项目相继跟进，包括 Open Cobalt、Open Wonderland 和 Open Simulator 等。

这种依赖于点对点的架构使其具有可伸缩性，意味着这个宇宙可以容纳无数参与者。因为没有中心化的管理者，所以该虚拟世界可以定义为所有人共有，其中的用户会更加自由，创建者及开发者的想象力也更加无限。

这一阶段，有关元宇宙的探讨也更多了。在 2008 年发布的论文"Solipsis: a Decentralized Architecture for Virtual Environments"中，作者认为元宇宙是一个巨大的系统，包含许多不同的相互连接的虚拟世界，并且通常是由用户生成的世界，所有这些世界都可以通过一个用户界面进行访问。按照这个定义，唯一符合该概念并且存在的元宇宙是万维网。

如今，许多虚拟世界蓬勃发展，都声称自己是元宇宙，但事实上它们只是元宇宙的一部分，就像网站只是全球网络树的叶子。所以作者认为，实现元宇宙这一愿景需要完成 3 件事情：找到一种能够维持大量数据和 MIPS 的方法；开发一组协议提供互操作性；需要一些能够创建虚拟世界的工具，类似于创建传统的 HTML 页面。

在论文中，作者提出了一系列解决方案和架构以实现以上关键目标，并给出了与元宇宙交互的工具，即一个导航器（Navigator）。导航器可以作为独立的平台运行，也可以嵌入 Web 页面。

在该阶段，关于虚拟世界发展的讨论主要集中在去中心化协议的提出和虚拟世界的治理上，共识是关于虚拟世界中的内容应由所有参与者或开发者协同创建。在该阶段，逐渐开始探讨元宇宙的实现路径。

2. 探索：要前往的方向

前文回顾了虚拟世界的发展过程，从基于计算机文本交互构建的虚拟世界，到具有图像交互界面及社交元素的虚拟世界，包含 3D 图像、用户创建内容及开放式社交的虚拟世界，以及包含较为完善的经济系统、UGC 工具及较高图像质量和保真度的虚拟世界，再到去中心化治理的虚拟世界。

虚拟世界的演变是从最开始的游戏场景逐渐到更庞大的世界，这也是为什么我们经常会将虚拟世界与游戏混淆的原因。事实上，与游戏（具有明确的游戏目标、机制和规则等）不同的是，虚拟世界提供了更开放的环境（没有明确的游戏目标）及更多样的场景，类似于我们现实世界中的生活或文化，用户可自行定义和执行自己的活动和目标。

除了每个发展阶段产生的新技术，还有关于虚拟世界的一些更底层的基本特征。参考虚拟世界的发展过程，Gilbert 在论文"The PROSE Project: a Program of In-world Behavioral Research on the Metaverse"中，指出了虚拟世界的 5 个基本特征：具有 3D 图像交互界面及集成语音技术；支持大规模用户进行远程交互；永久且可持续；沉浸感，即用户对数字环境有一种置身其中或居住的感觉，而不是置身于数字环境外；强调用户生成的活动、目标，并为虚拟环境和体验的个性化提供内容创建工具。

我们可以看到，最近发展较好的虚拟世界，如 *Minecraft*、*Roblox*、*The Sandbox*、*Decentraland* 等，都在不同程度上突出或加强了这几个特征，或从沉浸感的角度，或从用户生成内容的角度。无论是哪种路径，虚拟世界都在向多元化方向发展。

再回到元宇宙，目前对于该概念的理解仍未存在统一或唯一的标准。但能够确定的是，从个人虚拟世界（Individual Virtual Worlds）到元宇宙，一定需要更大的网络来连接，也就需要无数新的技术、协议、架构和公司等共同完成。

从 20 年前就包含多元宇宙及多元世界概念的 *ActiveWorlds*，到拥有创新性虚拟经济系统的 *SecondLife*，再到诞生于同一年代但是现在仍蓬勃发展的 *Roblox*。为什么 *Roblox* 在某种程度上被大家认为是更贴近元宇宙的概念呢？

如前面提到的，元宇宙应该具备的 8 个特点：身份、朋友、沉浸感、低延迟、多元化、随时随地、经济系统和文明，我们在虚拟世界的发展过程中基本都提到了，但目前没有一款产品能同时包含上述 8 个特点。

Roblox 很好地突出了身份这一特征，用户可以用这个虚拟身份穿梭于不同游戏，可以随时前往一个游戏或离开，所有发生在虚拟世界中的行为都是由该身份产生的，即使是社交行为，所连接的也是该虚拟身份，而不是电脑屏幕背后的玩家。

这便回到了我们之前所说的，元宇宙需要更大的网络来连接，并且需要统一的用户界面来与不同的虚拟世界场景进行交互，这就意味着身份的统一性。所以从更宏观的角度来说，需要在底层搭建更多的协议及技术来支持。

而在多元化、经济系统、文明及与用户交互的延伸上，我们认为，未来可能的方向或实现路径如下。

随着 UGC 工具的普及、虚拟经济系统的完善及人们对数字资产认知的提高，区块链确权及帮助数字资产复用的特点可以在虚拟世界中发挥作用。同时，区块链也能在一定程度上起到去中心化的作用，而去中心化的自治组织（Decentralized Autonomous Organization，DAO）将使虚拟世界形成更多元且开放的社区。

随着虚拟世界繁荣度的提升、用户数量的增多，其内部对数字内容消耗的需求也会随之增加。当用户创造内容的速度无法赶上用户消耗数字内容的速度时，就会产生数字内容供给与需求的缺口，那么，AIGC[①]就能够以更高效率的方式在其中扮演重要的角色。而在 AIGC 的算力需求上，正是 Cloud 在发挥作用。

在与用户的交互上，也会出现全新的交互方式。正如 Solipsis 创建的 Navigator，Virtual Being 是可以连接不同虚拟世界的关键。从创建原生的数字内容角度，与虚拟世界中的虚拟人物进行交互会更加流畅、自然。

在过去的 40 多年里，虚拟世界以令人惊奇的速度发展着，从计算机文本开始，到图像、Avatar、社交，以及虚拟资产的所有权和虚拟世界文化的发展，再到去中心化的治理等，每一代的先驱者都在努力探索元宇宙的意义，而这一切的意义或许只有在探索的过程中才可以找到。

（六）资本的盛宴——金融与投资

区块链项目已经打造了一套元宇宙价值流转的简易样板。用户创作的 NFT 虚拟资产可共用一系列基础设施，并在项目间传递、联动。依靠 DeFi（去中心化金融）系统可以实现虚拟世界的普惠金融，即用户低成本地以虚拟资产进行抵押借贷、分割和证券化。

---

① AIGC 是继 UGC、PGC 之后，利用 AI 技术自动生成内容的新型生产方式。

　　Decentraland 是第一个基于以太坊 NFT 进行价值流转的虚拟空间应用，该应用的主要功能是在虚拟世界中购买土地并开展建设。用户可以创建和体验，并从内容和应用程序中获得收益。

　　Decentraland 内的地块由不可替代的 NFT 代币 LAND 表示，这些代币跟踪以太坊区块链上的所有权。在区块链中，不同项目的虚拟资产可以脱离项目进行交易。*Decentraland* 中的游戏资产和地块不仅可以在项目内部平台交易，而且可以在其他平台交易。成立于 2017 年的 OpenSea 是第一个 NFT 综合交易平台，也是目前交易量最大的 NFT 综合交易平台。OpenSea 拥有超过 10 万名用户、超过 1500 万件 NFT 商品，总交易额超过 3.5 亿美元（约合人民币 23.7 亿元）。区别于传统的虚拟资产交易平台，OpenSea 并不限制资产的项目来源，无论是 *Cryptovoxels* 中的土地，还是 *Axie Infinity* 中的装备，只要是区块链上的 NFT 资产，都可以上架交易。OpenSea 可以非常方便地管理数字资产，平台将用户上传的图片、视频、3D 模型进行存储和 NFT 化。

　　NFT 技术极大地方便了虚拟资产在不同项目间的联动。*Cryptovoxels* 是一个基于以太坊 NFT 技术的虚拟空间项目，其优势为易于展示、对终端机性能要求低，以及能够方便地向他人展示自己的虚拟物品和建筑。用户可在空间中自由地进行创造和展示，项目采用与《我的世界》类似的方块搭建方法，任何人都可以轻松地建设这个世界。

　　Cryptovoxels 受到加密艺术家的青睐，通过打造画廊，用户可以直接购买展示的 NFT 作品。每一名加密艺术家都希望自己的作品有更好的展示机会。*Cryptovoxels* 中的建筑都是非常直观的，用户可以在 1 个小时内构建简单的展馆，把自己的 NFT 艺术品放置其中，*Cryptovoxels* 也是一个简单的艺术品交易所。越来越多的艺术家入驻 *Cryptovoxels*，将带来越来越多的买家，新的流动性源源不断地产生。

更多用户的加入并发生社交联系，将诞生一系列全新业态。

随着加密资产价格连创新高，在财富效应的驱使下，很多新用户开始学习并熟练掌握去中心化的应用规则，甚至将自己创作的虚拟作品在链上实现资产化，大量使用 DeFi 应用，接受区块链技术作为价值承载和传输的工具。用户也开始追求加密资产的线上应用场景，数字艺术与虚拟世界成为最好的对象。从 2021 年 1 月开始，数字资产 NFT 的交易额快速增长，数字艺术、虚拟创作 NFT 的数量也在快速增加。

Roblox 在沙盒游戏的基础上，打造了稳定的经济系统，使创作者能够通过虚拟创作获得现实中的收益，沙盒游戏开始迈向 UGC 平台。在经济激励下，用户的创作灵感被激发，目前，UGC 平台已有超过 1800 万个游戏体验。这种以玩家创作为主导，带来沉浸式体验和社交场景的形式让我们看到了元宇宙的雏形。2019 年，*Roblox* 的社区玩家 MAU 过亿，累计千万名创作者使用 *Roblox* 提供的工具开发游戏，*Roblox* 市值在 1 年内飙升了 10 倍。

1. 元宇宙的投资策略

用户在传统互联网平台中的虚拟资产和虚拟身份存在的主要问题包括以下 3 个方面。一是传统互联网虚拟资产的解释权往往属于平台，其资产属性并不明确。二是虚拟世界的经济系统完全依赖运营者的运营水平，难以做到自发调整平衡。三是用户的身份信息及衍生的相关数据完全掌握在平台手中，用户缺乏隐私。上述问题阻碍了元宇宙的到来与发展，而区块链能通过去中心化的权益记录，保障用户的虚拟资产和虚拟身份不被单一机构掌控。这种权益记录方式使虚拟资产类似于物理世界的现实资产，用户资产可以被随意地处置、流通、交易，不受中心化机构的限制。

依托区块链技术发展成熟的 DeFi 生态能够为元宇宙提供一整套

高效的金融系统。从虚拟资产的抵押借贷、证券化、保险等方面，为用户提供低成本、低门槛、高效率的金融服务，使用户的虚拟资产如同现实资产一样，从而进一步强化了虚拟物品的资产属性。通过稳定的虚拟产权和丰富的金融生态，元宇宙经济系统将具备与现实世界经济系统类似的调节功能，用户创作的虚拟价值将由市场决定。

传统的虚拟资产难以跨平台流通，区块链可以降低虚拟资产在多个平台流动的难度。传统的游戏资产在内的虚拟资产记录在运营机构的数据库内，虚拟资产的跨平台转移需要多方数据互信，成本高且难以实现。通过 NFT 记录虚拟资产的归属信息，并在区块链去中心化网络中以点对点的方式进行交易，本质上是因为这些项目采用了区块链平台进行资产清算，减少了信任风险，提高了清算效率。

区块链技术使用户可以控制自己的身份数据。W3C（万维网联盟）提出了基于区块链的分布式数字身份 DID（去中心化身份）的概念，其具有以下特征。一是安全性。身份所有者的身份信息不被无意泄露，身份信息可以由身份所有者持久保存，身份信息提供符合最小披露原则。二是身份自主可控。用户可以自主管理身份，而非依赖于可信第三方；身份所有者可以控制其身份信息的分享。三是身份的可移植性。身份所有者能够在任何他们需要的地方使用其身份信息，而无须依赖特定的身份服务提供商。目前，在包括瑞士楚格市在内的多地，正尝试落地 DID。基于 DID，社交网络的作用是提供服务，而无法进行社交数据的垄断。人与人之间的网络社交链接发生在数据层面，而非应用层面，这种模式能够有效地促进新社交应用的诞生，以适应元宇宙复杂多样的社交场景。

虽然当下离实现元宇宙的愿景尚有距离，但趋势已起，元宇宙或许是下一轮科技创新的"集大成者"，成为互联网的下一站。元宇宙的投资策略是布局"BAND"（区块链、游戏、通信、显示技术）赛道，关注模式创新与平台资源整合。此外，强调元宇宙商业模式（尤其是内容平台商业模式）的发展创新，以及各个赛道的资源整合。*Roblox* 的市值不断创造新高，表明元宇宙的概念和 *Roblox* 的商业模式广受市场追捧。元宇宙未来主要面向 C 端，游戏是其主要的展现方式。随着游戏内容的不断丰富与提升，云游戏的商业模式将迎来新的发展；对于低延迟、大带宽接入网络的需求提升，5G 的渗透率有望进一步提升；与此同时，元宇宙的沉浸式体验离不开虚拟现实技术，VR 赛道值得关注。

2. 元宇宙地产行业的发展展望

地产的数字化展厅建设可以减少实物展厅建设，更好地开展宣传和推介。在概念阶段，可以让客户先进行沉浸式购房体验，以及生产和生活体验。生产线的提前建模更能完美展现客户入住后的感官体验。实现"所见即所有"，降低房源与需求不匹配之间的矛盾。

3. 各行各业的数字化

元宇宙方兴未艾，随着技术的发展，数字化进程持续加速，元宇宙有望从地产行业逐渐渗透到各行各业，最终向"全真互联网"延伸。在上述过程中，在地产内容生产领域见长的公司，用户基础、内容生产及业务覆盖较广的综合平台，以及基础引擎、算力布局上优势突出的公司有望脱颖而出。

市场对元宇宙的概念尚未形成统一认知，诸多社交、游戏类产品皆尝试探索元宇宙。我们认为，元宇宙本质上是对现实世界的虚拟化、数字化过程，需要对内容生产、经济系统、用户体验及实体世界内容等进行大量改造。当前，内容创作与运营、AR/VR 技术已经逐步成熟，因此，以游戏、社交为代表的内容产业有望率先产生变化。未来，伴随数字孪生、仿真等技术的成熟，各行各业数字化加速之后，不同产业的"子宇宙"有望连接成范围更大的元宇宙。

4. 元宇宙带来新的增长点

2020 年，全球互联网用户渗透率超过 60%，科技头部企业在传统互联网业务进入平稳增长之后，积极布局和探索元宇宙，寻找下一代科技红利下的互联网增长极。国外市场，Facebook 积极布局 AR/VR，辅以 Horizon 等新一代社交应用，探索社交元宇宙。国内市场，腾讯提出"全真互联网"概念，结合元宇宙特征，积极探索从游戏到生活服务，并延伸至企业数字化的多个领域；字节跳动则依靠自身短视频流量，通过投资并购等方式，从游戏领域积极布局和探索元宇宙。

正所谓"媒介即信息"，作为更沉浸、更丰富的媒介形式，相比移动互联网，元宇宙会带来人类社会、经济更大的冲击和重构。在硬件、基础设施的加速推进之下，元宇宙有望以更快的速度成熟，并在平台生态、硬件需求、基础设施、内容形态等方面带来全新的机遇。

元宇宙中的数字资产具有产权属性，并可作为商品交易。数字市场是数字产品交换的市场，是整个数字经济的核心。通过运用区块链、去中心化等技术，元宇宙拥有一套独特的货币体系，用户可在元宇宙内通过完成生产经营活动获得数字货币，以满足自身数字消费需求。

5. 元宇宙视角下的国际展会与生产要素重构

一是逐步取代广交会（即中国进出口商品交易会）等国际展会。二是产品要素标签化，可以展示更多参数。三是极大地降低交流的商旅成本。四是通过区块链技术实现订单签约和合约制定，极大地增强信用。元宇宙视角下的国际展会与生产要素重构如图 5-5 所示。

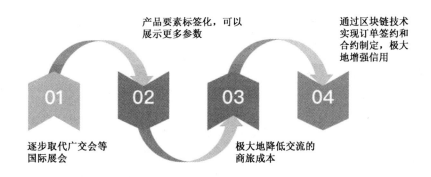

产品要素标签化，可以
展示更多参数

通过区块链技术
实现订单签约和
合约制定，极大
地增强信用

逐步取代广交会等
国际展会

极大地降低交流的
商旅成本

图 5-5　元宇宙视角下的国际展会与生产要素重构

6. 职业教育元宇宙

元宇宙为职业教育提供了新的方式和手段，那么，元宇宙能为职业教育带来哪些变化呢？

（1）虚拟教学设备将弥补职业教育的办学短板

职业院校需要购买和配备相应教学设备才能培养合格的产业工人。例如，培养汽车修理工人的职业院校，需要购买一定数量的汽车发动机、变速箱等汽车部件。这些教学设备往往价格昂贵，有的设备占地面积较大，对场地环境要求很高；有的设备升级变化较快，对办学院校提出了较高要求。对于不发达地区和经费紧张的职业院校，这些因素成为办学的阻碍。元宇宙让数字化虚拟教学设备进入职业教育，从而解决现有物理教学设备投入高、运行维护复杂、不能实时升级到最新技术等方面的缺陷。目前，在航空航天、军事等领域，高仿真数字化虚拟装备在训练中应用较多；在民用领域，数字化虚拟设备的逼真度、普及化和专业性还有待提高。

（2）数字智能教师实现全时伴读的个性化教育

2018 年 1 月，中共中央、国务院颁布了《关于全面深化新时代教师队伍建设改革的意见》，提出"全面提高职业院校教师质量，建设一支高素质双师型的教师队伍"。从我国职业院校现实情况看，高素质的"双师型"教师仍然比较欠缺。利用元宇宙、人工智能等技术，打造数字智能教师在一定程度上可解决教师欠缺的问题。

目前，虚拟人物已经在电视节目中作为主持人，也能作为智能客服机器人回答客户提出的问题，因此，打造针对职业院校特定专业、特定课程的数字智能教师在技术上已经成为可能。数字智能教师参与教学过程中，能为学生提供 7×24 小时的全时教育服务，随时解答学生提出的问题，并针对每位学生提供个性化教育，将在一定程度上缓解职业院校师资短缺的问题，让教育"无时不在、无处不在"。

（3）NFT 为学生提供学习成果积累和不同体验的学习奖励

利用 NFT 技术，可以记录学生的学习成果、学习成长经历、所获得的技能与证书等，也可以将 NFT 标记的虚拟物品奖励给优秀学生，为学生提供一种不同体验的学习激励。未来，如果数字虚拟世界和现实物理世界无缝融通之后，NFT 在现实物理世界具有价值后，NFT 学习激励对学生将更有吸引力。

（4）沉浸式互动教学环境让深度学习更容易

利用元宇宙开发的职业教育课程的虚拟教学环境是一个软硬件结合的集成环境，为师生提供数字化沉浸式的教学互动环境，突破了物理世界的局限，重塑教育学习环境，使深度学习更容易发生。目前，部分院校和企业已经建设了基于 VR 的课程资源。例如，汽车维修课程上，师生通过 VR 眼镜、手柄，可以在虚拟环境中手把手互动教学，学生还可以操作虚拟的汽车零部件来维修汽车。这些课程资源是元宇宙在职业教育的有益尝试，虽然其技术水平还不高，但是已经展现出职业教育元宇宙的潜在价值。

（5）高仿真的游戏式教学可以更好地激发学习兴趣

职业教育元宇宙可以实现游戏化教育，在创设的虚拟化教育场景中，设置知识通关游戏，游戏中的及时反馈系统及带给学生的参与感、成就感能够有效地促使学生进入更好的学习状态。通过丰富的游戏美学多媒体设计，可以刺激学习者的兴奋性和注意力，激发学生的学习兴趣。游戏化构建的安全试错环境使学生在不断尝试中提升认知技能。将教育过程游戏化，寓知识和技能教育于游戏通关中，能有效激发学生的学习兴趣，让学习变得更加鲜活、富有吸引力，极大地提升教学效果。

（6）元宇宙有利于促进职业教育优质资源共享与教育公平

长期以来，我国职业教育在资金投入方面存在明显短板，家长让孩子就读职业院校意愿较低，直接导致职业教育师资短缺、办学条件落后，进而导致职业教育质量无法满足产业需要，无法培养出高素质的技能型人才。而数字技术的特点之一是几乎可以零成本复制，所以职业教育元宇宙能够有效解决优质教育资源不足的问题，实现优质教育资源共享。此外，利用职业教育元宇宙，可以实现"线上+线下"教育的融合。例如，学生可以在线上学习职业技能和知识，进行仿真练习和操作；在初步掌握后，学生就可以在实际教学环境中实训操作。这种"线上+线下"的教育方式，能够减少物理教学设备的损耗，尤其是对于具有一定危险性的实训操作，职业教育元宇宙更能发挥更重要的作用。

认知学习理论认为，人类获取信息的过程是感知、注意、记忆、理解、问题解决的信息交换过程。职业教育元宇宙能够让学习者在高度逼真的虚拟世界进行认知学习，元宇宙将对职业教育产生深远的影响。

六
Chapter 6
多元视角下的元宇宙

（一）哲学视角下的元宇宙

1. 元宇宙哲学

在柏拉图的《理想国》第七卷中，有这样一个隐喻：

在一个有着长长通道的洞穴里，一些囚徒面朝洞穴壁坐着，他们被束缚着不能转身，只能看着洞穴壁。他们身后有一堆火，在火焰和囚徒中间有一道矮墙，另一些人躲在矮墙后面操作着木偶和其他的物件。这些木偶被操纵着舞动，但从不发出声音。于是，这些囚徒只能看见洞穴壁上来回移动的影子，他们一直以为这些影子就是现实中的事物。

直到有一天，其中一个囚徒被解除了桎梏，转身看到了火光照耀下的木偶，才知道他们以前看到的都只是这些木偶的影子。他走出洞穴，看到阳光照耀下的世间万物，才知道那些木偶也不是真正的事物本身，它们只不过是人与自然的仿品。

科学技术在探索的路上，伴随着一次又一次突破先前的认知局限，被新的世界"震碎三观"。哥白尼认为日心说是天文学基础，遭到了教会的强烈抨击。就是这个在当时看来疯狂的"新看法"，却在后世颠覆了科学被教会控制的态势，引出了真正意义上的现代科学。

新的科学发现往往预示着新的时代，但时代的进步并不只能靠某一领域的新发现。马克思在历史唯物观洞察到了这点，他认为，时代的进步是个人与精神共同作用的结果。

回顾历史，纵观几次科技革命，引领时代大爆炸的"黑科技"总是早于时代诞生。科技是相互交织的，如果在协作中缺了一环，那么整体就不可能存在。例如，我们能横跨万里远洋捕鱼，若只有高超的航海术却没有冷链技术处理渔获，捕捞便毫无意义。

今天，元宇宙是一个尚未成熟的状态。但仅仅是它不成熟所露出的一角，便以足够窥到其内部好似有一个全新的世界，令资本和学界为之痴狂。

在探讨元宇宙哲学之前，让我们先回到开头的那个故事。

映入囚徒眼中的火光是刺眼的，却蕴含着一个新的世界。敢于迈入和面对新世界，柏拉图称之为"灵魂的转向"。

元宇宙需要多久和多少技术才能引发时代的变革？或许从第三次科技革命中可以"取经"。

现代电脑的发明被认为是人类历史上第三次科技革命，同时也是距离我们最近的一次。

电脑的学名叫计算机，其最开始是用来做计算的。古时候，人们最早使用的计算工具可能是手指，掰着手指头算数是一种既直观又方便的计算方式。但双手最多只有 10 个指头，这样的计算方法实在是局限且低效。

商周时期出现了算筹的方式。古代的算筹是由数根同样的小棍制成。材料一般是竹子，也有兽骨、象牙、金属等材料。通过有规则地摆放算筹，可以表示更多的数字。数学家祖冲之计算圆周率所使用的工具就是算筹。但使用算筹时需要小心谨慎地慢慢摆放，如此计算仍然不够便携高效。

汉代出现了算盘的雏形，在南北朝时期定型。算盘利用进位制计数，配合一套口诀使用，如此设计加快了计算的速度。算盘本身还可以存储数字，使用时很方便。但算盘仍然需要人工拨动算珠，人为的操作失误不可避免。

那么，有办法在计算过程中消除人为影响吗？

1642 年，帕斯卡发明了第一台机械计算机——帕斯卡加法器。这是一种由系列齿轮组成的装置，外形像一个长方盒子，需要旋紧发条后才能转动，只能做加法和减法。这台机械计算机一次只能做一回加减法，运算能力极为有限。

之后，莱布尼兹受到帕斯卡的启发，在 1674 年改良制造了一架约有 1 米长的新作品。他通过在计算机内增添步进轮，可以完成连续计算。通过连续重复的运算加减法，这台机器能够实现乘除法的运算规则。

把乘除运算化视为连续加减法，这在今天看来是极为笨拙的计算模式，甚至还不如背诵口诀来得快。但现代计算机的基本运算模式就是对这种简单重复计算的延续。

机械计算机须人工上发条和以按数字按钮的方式来实现计算过程。计算机自动计算的构想还是个奢望，更别说指望计算机能够执行人下达的一系列命令了。这时，另一个完全不相干的技术，给机械计算机打通了"任督二脉"，那就是来自纺织业的自动提花机。

布料由经线（纵向线）和纬线（横向线）编织而成。若要编出图案，则需要工人操作经线，以便让滑梭带着不同颜色的纬线从中间穿过。重复操作过后，纬线的不同颜色排列就在整体的布料上面形成了图案。

1805 年，法国机械师杰卡德发明了自动提花机。其原理是通过统一控制所有经线，在编织过程中使控制经线的小木棒在合适的位置插进纸带上的孔洞，如此来模拟之前的手动操作。通过添加这条打了孔洞的纸带，纺织工人可以把想要的图案直接记录在上面，就不需要亲历亲为了。

与此类似，在电视剧《西部世界》片头中，自动钢琴同样通过把需要操作的信息记录在打孔洞的纸带上来实现机器的自动化。这条纸带，就是日后计算机内存和软件的雏形。

18 世纪，法国为了推进科学的发展，发动学界参与编制《数学用表》。虽然参与人员认真负责，但这本满是数字的大部头完成之后，仍被指出存在好几处错误。为了完成计算《数学用表》，需要人工用纸笔对不同数字进行一套固定章法的运算。人工计算虽然灵活，但无法避免失误。

1822 年，巴贝奇通过把函数拆解成加减乘除运算的方式，结合自动提花机的原理发明了差分机。这台机器可以同时处理 3 个不同的 5 位数，计算精度能达到小数点后 5 位。这台机器的成功研制令巴贝奇信心大增。而后，巴贝奇开始构思建造能够处理多达上百个变量的分析机。分析机在结构上把储存数字的区域与计算区进行了分离，这种构想直接促成了 CPU 和硬盘的诞生。

但分析机由于当时的加工工艺无法支撑过于精巧的结构和加工精度而失败。巴贝奇的构思超前了 100 多年，但同时说明，旧时代的科技不能支撑计算机的伟大创想，纯机械工程的时代该落幕了。

1907 年，电子管被发明出来。电子管在电路上存在打开和关闭两种状态，分别代表着允许和阻止电流通过。利用二进制的 0 和 1 对多个电子管分别进行不同的状态表达，从而开启了电子计算机的时代。

在这之后就是我们都熟悉的第一台占地 170 平方米的 ENIAC（电子数字积分计算机），叠加电子管小型化，最终演变为今天的各种运算核心（CPU、GPU 等）和计算设备。起因是方便计算和"偷懒"的计算器，在当时谁也没想到，能够进化成如此的形态，渗透现代生活的方方面面。

回看过去，第三次科技革命的源头在历史上竟然暗藏了几千年之久。就连最后作为"一锤定音"的电子管，距离现代意义上能够持续供电的电池发明，也过去了 100 多年。单纯的科学进步很难产生实际意义，但利用科学切实解决生活问题才是科学的"科学"。

在科学发展史上，科学不仅承担着解释客观现象的任务，而且担负着解放人力的角色。历史上的计算机在相当长的时间里是不如算盘的。从实用主义角度来说，早期的发条式计算机是一件"吃力不讨好"的创想，甚至是"精巧的机械垃圾"。但换句话来说，改变世界未来的新技术在诞生之初通常伴随着不解和争议。

元宇宙诞生的今天不是某项技术的突破就能成立的，更不是某几家互联网公司靠着资本运作就能"催产"的。元宇宙是区块链、物联网、网络和运算、人工智能、电子游戏、交互技术共同催生和演进的结果。

这里面最为"最年轻"的区块链技术，距离在《密码学的新方向》《货币的非国家化》中被提出也已经过去了 40 余年。这些技术在今天有着各种各样的发展态势，也都面临着各自的发展局限。

在今天，人类诸多科学技术的进步逐渐缓慢，如电池技术、现代物理、核聚变、硅晶圆制程等。从现在来看，元宇宙可以为科学家们提供一个虚拟试验场以节省经费和材料。久远来看，元宇宙所提供的数字孪生可以把这些虚拟的创想带回现实。

虽然，科学技术要依靠使用才能发挥完整的"威力"。而在"威力"被完全施展之前，没人能够完整预测。但站在新技术"有劲使不出来"（如5G）和新技术迟迟未至的今天，元宇宙可以认为是未来一个较为确定的发展方向。

2. 元宇宙概念公司——中青宝

元宇宙概念提出的时间并不长，资本不停高调地翻腾，独立的思考者如果能用简单的哲学分析思维来看待元宇宙，就能获得更清醒的认识，不被外界影响。

2010年，中青宝作为一家网游概念公司上市。这家公司的主营业务是制作和运营一些网络小游戏。中青宝被誉为"中国元宇宙第一股"。但在吹捧之后，却是业务数据的难堪。中青宝2021年前三季度营业收入为2.57亿元，同比增长28.5%。2021年第三季度扣非净利润为-30万元。在互联网普遍高薪的大环境下，一家游戏公司能不能支付高薪，从侧面体现着公司的经营能力。头部游戏厂商吉比特、巨人网络、掌趣科技和完美世界在2020年平均薪酬为39.93万～79.35万元，而中青宝的平均薪酬约为18万元。在研发活动中，行业平均研发人员占比为52%，而中青宝研发人员占比为26%。网络游戏作为一个高人才需求和高研发需求的行业，中青宝在薪酬水平和研发重视程度都远远落后于同行业头部企业。从上市后的历史表现来看，其盈利能力较弱，甚至出现年度亏损。最后，在公司持续运转上，2021年第三季度末，中青宝账面货币资金为7852万元，短期借款为1.15亿元。此外，

2018—2020 年，中青宝经营活动产生的现金流量净值分别为-547 万元、307 万元、3617 万元。

中青宝的高固定资产占比和低固定资产周转率，是投资者对这家公司在投资行为上存疑的点。但在 2021 年 9 月，中青宝还是"一飞冲天"了。

其原因基本可以确定是元宇宙。9 月 6 日，中青宝预告推出一款虚拟与现实联动的模拟经营类元宇宙游戏《酿酒大师》。二级市场对这条消息的评价是从 9 月 7 日开始，一周内 3 次涨停。而《酿酒大师》游戏允许玩家在游戏中模拟经营酒厂，玩家酒厂酿出来的酒可以自行设计包装并支持线下提货。酒水合作方为贵州金沙古酒。

这些酒可以获得 NFT 认证，玩家可以在自己的圈子里进行交易。这一整套"玩家从游玩到兑现"和"背后生产厂家从产出到交付"的双系统，在官方宣讲中完美契合了元宇宙的经济内循环。但问题在于，玩家去拿属于自己的酒，酒钱谁来支付？莫不是玩家直接向酒厂支付游戏生产的道具？那恐怕该道具不仅对于酒厂有价值，而且对产品全供应链都有价值。

然而官方宣布的合作方只有酒厂，此外，按照国家法律法规，禁止将 NFT 直接与法定货币进行兑换。那就需要考虑如何赋予虚拟物品实际价值，复制 *Axie Infinity* 或许是一条可行的道路。

Axie Infinity 是一款玩家繁育小动物并出售的游戏。游戏中每只小动物的编号、长相、功能等都是独一无二的。但玩家登录游戏的第一只小动物需要购买。小动物和繁育工具在公开的交易所（如 Uniswap、OpenSea）可以进行交易购买，从而兑现为法定货币。

如此复制的话，对应在《酿酒大师》中就应该是玩家向游戏充钱。

这个循环就变成了玩家通过游戏付费的方式向酒厂下单，从而获得定制白酒。这个获得的定制白酒在经过 NFT 认证之后，交易的价格就由任何潜在的意向消费者共同定价。

但是，因为白酒产品生产的特殊性，酒厂根本不可能向玩家提供特殊生产的酒液。也就是说，NFT 认证的只是这瓶酒的生产特殊性。而在一个自发的生产系统中，若生产资料是无限的，则概率上的稀缺性迟早会被打破（如农产品育种）。

稀缺性从生产出来的那一刻就在贬值。若生产资料是有限的（充钱获得或官方有意控制），那就不是一个公平公正的 NFT 系统。与此相印证的是，贵州金沙古酒是中青宝大股东的全资子公司。

《酿酒大师》无法形成完善的生态循环，如此一来，所谓的"元宇宙游戏"就只有概念。

然而，就算内在逻辑漏洞如此明显，也挡不住各路投资者前来"投机"的热情。两个月的时间里，中青宝的股价被哄抬 5 倍。而元宇宙板块被连续问询。在元宇宙概念逐渐回落的今天，曾经热血沸腾的投资者们有的赚得盆满钵满；而有的则在后悔没能细致分析，听信了坊间传闻。

3. 元宇宙会诞生真正的 AI 吗

AI 是对人类的模拟，还是对人类的超越？这个问题的答案是两者皆不。如今，AI 本质上还是"做题机器人"。

AI 的诞生要归功于现代公认的计算机科学之父——阿兰·图灵。他在 1936 年发表的《论数字计算在决断难题中的应用》中，对"可计算性"下了一个严格的数学定义，并提出著名的图灵机设想。从数理逻辑上为现代计算机的出现开创了理论先河。

另一篇论文《机器能思考吗》对 AI 的探讨则更为直接。在这篇论文中，图灵提出了一种判定机器是否具有智能的实验方法——图灵测试。随后，在 1956 年的达特茅斯会议上，"人工智能"概念被提出。在之后的 10 余年内，研究者们开始广泛研究人工智能技术，取得了第一批瞩目的成就。在这批研究的浪潮下，1959 年，诞生了第一台工业机器人；1964 年，诞生了第一个聊天机器人。

AI 在设计思路上经历了行为主义（输入命令控制反馈）、符号逻辑主义（利用符号运算模拟人类思维方式）和今天的神经网络深度学习（利用大量数据让系统自动拟合最符合结果的模型），本质仍然是不同类型的图灵机。

图灵机是一个虚拟的机器，可以模拟计算机的任何算法。假设有一个长度无限的纸带，纸带上面的每个格子是空白的，但是可以读写数据，以此来模拟计算机内存。在纸带的上方有一个能够识别数据和做出反应的机器。该机器只能写 0 和 1，或者什么也不写。该机器有一个探头，探头可以移动到每一个空格上。根据探头看到的数据不同，机器可以做出 3 种操作：读空格的数据、编辑数据、移动纸带随后识别旁边的格子。机器首先会读取下面的数据，写一个新数据，根据指令向左或向右移动纸带，然后重复这个过程，这就是一个包含 3 个信号的图灵机。

上述过程简化来说，机器内部存在某种算法，算法会根据外界的不同刺激不断地输出答案，再回答下一个问题，直到问题全部解决。纵然，人类在生活中不断地会面临和需要解决各种问题，但人类有主体性，并不会像图灵机一样连续不断地"做题"。

AI 能够主动发现和解决问题，最终产生自我意识，这是 AI 的终极命题。换言之，现在的 AI 还不能摆脱作为工具属性而存在。所谓的智能，只是"做题"的智能。

主体性是哲学的基本问题之一，即"我是谁，我如何能确定我是真实存在的"。笛卡尔通过把握自己创造思考这个行为来把握背后这个"思"的我存在，即我思故我在（Cogito ergo sum）。

简言之，人类与 AI 的不同在于人类可以自我下达命令，如吃饭、学习、社交等。但在当前研究 AI 的路上，在 End-to-End 神经网络模型下，AI 能够模拟自主学习和拟合输出结果的过程，但距离 AI 自我生成意识尚有很长一段距离。

或许元宇宙可以诞生真正意义上的 AI。电影《失控玩家》讲述了一个虚拟游戏世界里的 NPC 角色，某一天觉醒并拯救世界的故事。NPC（非玩家控制角色）广泛存在于游戏甚至生活中。游戏《王者荣耀》里面不断冲锋的小兵、与消费者进行对话的智能客服都可以视为NPC。

这些 AI 不够智能的原因是不能像《失控玩家》里面的主角一样认识并参与整个世界。而元宇宙可以通过连通虚拟和现实的方式实现 AI 对整个世界的认知，从而有机会实现终极形态的人工智能。

设想在元宇宙中，人们通过 XR（扩展现实）的方式让 AI 有机会接触人类社会全部的数据与信息。AI 把数据库内部不同相关联的特性和信息随机匹配，并对结果进行自行判断（是否有效和成立）。借助元宇宙提供的海量数据，这种 AI 代替人工的数据挖掘工作能够达成人类根本未曾设想过的成就。或许在某一天早晨，人们会发现 AI 不再是人类制造的机器，而是成为与人类携手并肩开拓和认识这个世界的伙伴。

这个梦想或许很遥远，但 AI 大模型训练被认为是非常有效的机器学习方案。这个梦想或许很难实现，但在数字化和信息化不断发展的今天，AI 处理数据已经成为不少 AI 公司的前沿课题。在 AI 运行的基础设施上，AIDC（商汤智算中心）作为专属分配给 AI 的智能算力正在加紧建设中。

黑格尔说，人类表达自我最具体的形式是通过意志的行为。即能在两种行动之间做出选择，且这种选择不是简单地基于一方比另一方有更大的效用，也不是一系列情感和本能胜过另一系列情感和本能的结果，而是因为一种设定并坚持自己规则的内在自由。

人类的历史是艰难的冒险史，人类的赞歌是勇气的赞歌。众多探索者们通过各种冒险的行动，证明自己可以违反最强烈、最基本的自我保存本能而行动。人类追求自己自由和解放的战斗，在于要让他人承认这样一个事实：我甘愿冒生命的危险，我是自由的，是一个真正的人。

元宇宙不是一项产品，也不是任何资本或财阀能够控制的虚拟世界。元宇宙是现实世界的扩展，是人类的自由意识向人类认识的再次展开。

纵然在当前，元宇宙概念尚未统一，甚至出现不少反对元宇宙的声音，对此我们用一个故事作为本小节的结尾。

1633 年 6 月 22 日，伽利略跪在宗教裁判所大厅上，聆听对其宣扬哥白尼日心说一案的判决。

"太阳是世界中心，这个主张是荒谬且虚假的，是异端邪说，是错误的信仰。"

"命令伽利略放弃、诅咒、憎恶日心说这一异端邪说。将撰写的《关于两个主要世界体系的对话》列为禁书。判其正式囚禁，方式由裁判所决定。"

伽利略听毕，小声低语道："但是它还是在动。"

（二）社会视角下的元宇宙

1. 元宇宙构建新型社会关系

我们可以面对世界范围内管理和治理的挑战，在虚拟世界中拥有一定的管辖权。有些问题就像"房间里的大象"，我们不能忽视也无法忽视。

（1）虚拟世界的交互信任

随着"Internet＋Web＋XR"技术的进步，元宇宙在技术上变得可行。而最终的成功将取决于用户的使用意愿，进一步取决于在意外结果发生的情况下感知到的信任和问责处理，所以我们在现实中与人面对面产生的信任在虚拟世界中将如何存续？我们又要如何保证虚拟ID 的真实性与私密性？

（2）虚拟世界的信息对称

在元宇宙系统中，大量潜在的敏感信息可能会离开所有者的控制范围。在现实世界中，面对面交流能给予我们信任，因为我们可以确认其他人提供的信息，然而虚拟形象可能无法真实地捕捉到用户面部，用户就会缺少在面对面交流中建立信任的重要线索。

元宇宙需要解决的另一个挑战是如何处理未成年人的敏感信息，因为未成年人在 XR 用户中占有一席之地。他们对数据处理的风险知之甚少。从实际的角度来看，往往很难确定一个用户是否是未成年人。如何判定他们的父母拥有知情权？如何判定他们的行为是否触及道德或法律层面？因此，元宇宙的服务提供者应定期审查他们为保护未成年人数据所采取的步骤，并考虑除了依赖简单的同意机制，是否能够实施更有效的核查机制。

（3）虚拟世界的责任对等

责任是实现元宇宙生态系统全部潜力的关键之一，责任对等对于人类的交互信任至关重要。

传统社交媒体经常使用详细说明来解释平台和服务将如何处理用户生成的隐私内容及管理策略，并让用户对自己生成的隐私内容负责。在元宇宙中，用户通过他们的化身相互交流，在一定程度上模糊了用户的身份。拥有化身的用户对他们的数字 ID 又该负有什么责任？这是我们仍需探讨的问题之一。

（4）元宇宙中 3D 化身的审查

元宇宙中的内容审查首先需要区分给定的化身在哪里，如何区分人类用户和系统自动的"键盘侠"化身。人类用户有权享有言论自由，但这并不包括暴力、极端主义、仇恨言论或其他非法内容的情况。因此，元宇宙中的不当言论行为要如何区分和加以审视？

虽然这些问题亟待解决，但从另一个层面来看，人类的数字化生活方式已经向我们走来，元宇宙构建了一个全新的社会关系结构和模式。去中心化平台使玩家享有所有权和自治权，通过沉浸式的体验，让虚拟进一步接近现实，社交将会是其中的一个必备功能。用户在元宇宙中可以扮演他们在现实世界中可能无法企及的角色，并以这个身份同元宇宙中的其他人交互交往、产生协作、创造价值。

最有趣的是，元宇宙并非某个组织或某家公司运营的平台，其运营将持续存在。作为用户，不论其在线与否，元宇宙都将持续保持运行并对用户的元宇宙角色产生影响。作为创作者，其在元宇宙中创作的价值、持有的资产不会因平台停运而消失。

元宇宙同时也是开放的。一方面,元宇宙需要打通各个独立的游戏、应用、社交,实现标准、协议、货币体系的互认和互换。另一方面,元宇宙向所有第三方开放技术接口,让他们可以自由地添加内容。

从技术上来看,元宇宙对这种新型社会关系的构建离不开移动互联网的发展,多项元宇宙技术由点突破进而连接成面。换句话说,元宇宙是无数技术与应用落地节点的集合。在移动互联网的基础上,元宇宙对沉浸感、参与度、永续性等多方面提出更高的要求,因此,会有许多独立工具、平台、基础设施、协议等来支持元宇宙运行。随着AR、VR、5G、云计算等技术成熟度的提升,元宇宙的正向循环将逐步打通,即底层技术推动应用迭代,市场需求提升反哺底层技术持续迭代。

元宇宙这种虚实融合的方式将深刻改变现有社会的组织与运作模式,不是虚拟生活替代现实生活,而是会形成虚实结合的新型生活方式,从而催生"线上线下"一体的新型社会关系,从虚拟维度赋予实体经济新的活力。

2. 元宇宙颠覆现有生活方式

未来,元宇宙将改变我们与时空互动的方式,给社会和个人带来广阔的价值空间。

第一,元宇宙包括能承载人类现实活动的虚拟世界,基于其沉浸化、实时性和多元化的特征,个体在短期内能够利用元宇宙增加多样化的人生体验。

第二,元宇宙的虚拟数字化减少了物理距离的隔阂和通勤的时间成本,降低了交通堵塞等传统城市痛点问题对社会整体幸福感的削弱。

第三，元宇宙扫清了物理距离、社会地位等因素造成的社交障碍，为个体实现自我价值提供了更多的手段。

此外，云游戏将是元宇宙改变人类社会生活方式的一大缩影，元宇宙游戏也将随之成为"杀手级"应用场景，推动实现元宇宙的早期形态。游戏将越来越多地促进技术普及、降低行业准入门槛，使大规模、实时内容制作在未来成为可能，将产生新的游戏叙述、游戏框架和制作方式。游戏作为一种超级数字场景，将不断推动背后的技术发展。随着问题不断优化改善，玩家可以获得高质量的游戏体验。相应地，参与其中的创造者也会获得相匹配的收益，进而推动技术创新。

如何具体理解云游戏？

云游戏是一种网络游戏运行的技术解决方案，将游戏的运行与画面渲染等对硬件、算力要求较高的部分从玩家端转移至云服务器端，用户端只保留操作信号输入和画面解码显示。

为什么说云游戏会改变未来人们的生活方式？

第一，云游戏构想提出的初衷是降低玩家的硬件投入成本，即"用带宽换算力"，尽可能地提高潜在玩家的转化率。云游戏本身的技术架构并不复杂，但其实现需要通信技术、计算架构（云计算、边缘计算）、算法（AI、音视频解码）的共同配合。

第二，中国云游戏市场增速显著高于全球云游戏市场平均增速，中国将成为最具潜力的云游戏市场之一。2020—2023 年，中国云游戏市场规模的 CAGR（复合年均增长率）将达到 135%，全球云游戏市场规模的 CAGR 将达到 101%。预计 2023 年，中国将有 9.13 亿部活跃的智能手机支持 5G，进一步扩展全球最大的 5G 网络，5G 网络延迟更低、带宽更高、同时连接设备数更多，这些在改善移动网络连接下云游戏体验时将发挥重要作用。

第三，用户期待新体验，元宇宙 C 端想象空间远不止游戏。用户期待通过数字孪生、体感设备等交互方式摆脱"拇指党"，而元宇宙能为用户提供虚拟视觉、听觉、触觉等综合体验，实现人类感官维度的全面拓展，创造巨大的 C 端需求。相关数据显示，2020 年 Quest 平台影视内容占比为 12%，排名第 3，仅次于动作、休闲类游戏内容，Netflix、Youtube 等知名网站纷纷入局。VR 观影是元宇宙除游戏外的重要突破口，未来有望对线下影院、线上平面观影实现体验升级。

除云游戏外，元宇宙经济是改变人们生活方式的另一大路径，意味着数字资产 NFT 或将"破圈"。

前文已介绍，NFT 具备独特性、稀缺性、不可分割性，使得创作者创造的资产具备在元宇宙中收藏、保值、流通等属性，从而成为建立元宇宙经济系统的有力支持。

以游戏 *The Sandbox* 为例，游戏中每一块地对应一个 NFT，每一块地的所有者拥有对所属地进行创作和改造的权利，独特的所属地造型使得用户的创意具备稀缺性。NFT 能够更有效地提高开发者的利润，从而促进元宇宙经济的发展。

元宇宙概念爆火后，NFT 等虚拟资产逐渐成为游戏、UGC 支付等领域中应用的支付方式之一，具备较大的发展潜力。NFT 不可撤销的所有权特性、开放互通的经济模式及无限重新利用虚拟资产的能力，都有望促进消费者支出与盈利。通俗一点讲，那些人们在现实世界囿于政策或资金做不到的事情，可以在元宇宙中大展拳脚！

3. 元宇宙催生生产方式智慧化革命

很多关心元宇宙的人都会问同一句话：元宇宙革命到底什么时候

到来？

时代变革往往会经历技术变革、工业和过程变革两个独立的浪潮。例如，电力革命并不是在一个浪潮内稳定增长的。电力革命经历了技术变革、工业和过程相关变革两个独立的浪潮。

第一波浪潮（1881—1909 年）：电力快速实现商业化，但主要用于照明。1880 年，白炽灯泡仅在发明后一年就实现商业化。1881 年，爱迪生在曼哈顿和伦敦建起发电站。但近 30 年后，电力普及程度仍较低：美国只有不到 10% 的机械驱动力来自电力，工厂们仍使用嘈杂笨重的蒸汽机组，产业基础设施没有被电力替代。

第二波浪潮（1910—1929 年）：以电力为基础的基础设施、设备和工艺开始收获大量投资和创新，劳动和资本生产效率创造百年来最大的年均增长。1913 年，亨利·福特创建第一条流水线，使用电力和传送带将每辆车的生产时间从 12.5 小时减少到 93 分钟。该流水线投产 1 年内，福特生产的汽车数量超过行业内其他公司生产的汽车数量的总和。

第一波浪潮和第二波浪潮的区别不在于美国工业使用多少电力，而在于使用电力的深度及围绕电力设计的程度。新的技术和认知使得工厂逐步采用电线取代齿轮传动来传递动能，并安装专用电动机完成缝纫、切割、冲压和焊接等工作，使同样的工厂能拥有更多的空间、更好的采光、更佳的空气和更少的危险设备。工厂可以围绕生产流程的逻辑配置生产区域，定期重新配置工作区，从而通过布置装配线大幅提高生产效率。

此外，时代变革由多项发明和贡献共同成就，需要不断迭代自驱实现正向循环。

以移动互联网为例，移动互联网由多项发明和贡献共同成就。iPhone 被认为是移动互联网的开始，因为它将"移动互联"的所有要素整合并提炼成一个可以触摸、持有和应用的最小可行产品。但移动互联网的产生及驱动是由包括 3G、App Store、Java 和 Html 程序设计标准及芯片等大量创新共同造就的。

iPhone 硬件的改善带来了全新的用户体验，用户的高活跃度又推高整个产业链上各公司的业绩，从而打通正向循环。改善的硬件驱动用户活跃度达到高增速，并且给参与的公司带来更高的营收和利润增长，从而推动更优质的产品、应用和服务产出。iPhone 的发展需要整个生态系统的创新和投资，而其中大部分其实不在 Apple 的管辖范畴内。

能带动整个市场的变革一定是自驱动的，体验、产品、技术互为推力、螺旋上升。用户对新体验、新产品的需求，给新技术的发展指明方向。多项技术的进步是各重要环节降低成本、大规模应用的重要推力。大规模应用为企业和社会带来的收益，又给技术潜力的挖掘、全方位的技术突破带来可能。例如，公众对低噪声、高舒适的新能源车的需求，光伏、风电发电成本下探，以及储能、充电等技术的持续迭代正逐渐形成可预见的自驱动循环。

参照电力革命时代的两波浪潮，元宇宙已处于第一波浪潮（技术变革）的早期，离第二波浪潮（工业和过程变革）尚有较远距离。目前，元宇宙的相关应用（包括云游戏、NFT、数字工厂等）都停留在对元宇宙相关技术的利用阶段，并未将元宇宙作为产业的基础设施。若能在元宇宙所带来的虚拟世界中，随着现实世界各类型客观条件限制的减弱或消失，新的行业、产业运转模式等得以产生，才能够进入第二波浪潮，为人类的总量经济带来全新的增长。

　　我们认为，元宇宙的发展将分为 3 个阶段，从"技术变革"到"工业变革"再到"终极形态"，元宇宙将逐步走向成熟。第一个阶段为技术变革阶段，主要以 3～5 年内消费级 VR/AR 硬件逐步铺开为发展主线。随着智能化、虚拟化、去中心化等技术落地的不断推进，多个利用 AI、VR、区块链技术的独立虚拟平台陆续出现，为用户提供更高技术含量、更新奇、丰富、多元的体验，这一阶段雏形产品主要以"社交+轻游戏"的泛娱乐形式为主。第二个阶段为工业变革阶段，主要以 10 年内算力、AI、通信技术等元宇宙基础设施逐渐完善为发展主线。产业界将深度利用元宇宙以创建全新的生产模式，提高生产效率，元宇宙经济系统也在此建立，凝聚共识的 NFT 有望成为元宇宙经济"通货"。第三个阶段为终极形态阶段，主要展望未来 10～20 年脑机接口的可能应用和元宇宙平台的互相打通。前期多个独立的虚拟平台开始聚合打通，标准、协议逐渐形成，用户有望通过脑机接口达成信息直连，物理世界与虚拟世界的交互达到虚实共生。到那时，真正的元宇宙时代将到来。

（三）时代视角下的元宇宙

1. 元宇宙科技浪潮

　　"回顾游戏历史是理解元宇宙、理解未来的一种方式。游戏是人类文明基本的组成部分。作为人类娱乐最主要方式的游戏已经陪伴了我们数千年，有源远流长的事实。"这句话出自中国音像与数字出版协会常务副理事长敖然。

　　近几年，游戏的产业边界在不断拓展，整个互联网的边界也在不断变化，这种变化往往是由技术驱动带来的。

如同农业社会的材料、工业社会的能源，以及信息时代的数字技术所起的作用一样，产业的边界一直在扩大。技术驱动着产业链不断升级和重塑。被新技术驱动的产业不断占据市场，深刻地影响了人们的消费和生活。

敖然认为，当时间、空间被完全打破的时候，未来游戏样态的演变、游戏产品和服务的升级与重构模式都未可知，而这势必会引发因技术创新带来的巨变。

待一切尘埃落定，再回头看时，或许我们正身处《黑客帝国》所描绘的场景中。

以前聊元宇宙时，人们更多地将其理解为超元域。在这个虚拟空间中，每个人都有一个化身，即人们相互交流时使用的声像综合体。随着用户计算设备功能越来越强大，以及云计算和高性能带宽网络的出现，元宇宙逐渐成为现实。

元宇宙世界观底层基于量子理论。在元宇宙时代，事物发展是不确定的，数据之间的关系是非线性、非因果的，毫无联系的事物之间也可能是有关联和有影响的。

元宇宙是赋予技术生命能力的开始。人类是碳基生命，是生化算法驱动的生命；技术是硅基生命，是电子算法驱动的生命。

互联网诞生至今，世界已与网络互联共生。"Z世代"（指1995—2009年出生的一代人）对互联网的依赖不同于以往，他们不再局限于视觉、听觉的网络传播互动，也不仅通过互联网把视觉、听觉、嗅觉、味觉、触觉相结合，而是互联网的原住民，他们的大部分生活乃至价值思想、意识的传递亦在其间。

这就意味着，一方面，"Z世代"对互联网连接方式的需求会升级，即达到万物互联；另一方面，由于头部科技企业主动求变，互联网时代的奇点正在形成，一场元宇宙科技浪潮正席卷而来。

我们身处浪潮之中，接受科技与未来的号召。无论成功与否，我们都实实在在地前行着，这将是最好不过的事情。

2. 元宇宙对产业的影响和后续发展

当前，新一轮科技革命和产业变革在全球范围内深入推进，新一代网络信息技术加速迭代升级，信息基础设施建设部署步伐加速，包括高性能计算、混合现实设备、低延迟通信网络、集成电路、精密自由曲面光学系统、高像素高清晰度摄像头等在内的"硬科技"已形成相当的产业规模，为元宇宙的发展提供了坚实的物理基础和技术条件。元宇宙将大量离散的单点创新聚合，成为各项技术的最新归宿。

随着人类社会进入信息时代，世界主要国家纷纷布局科技产业革命，制定并出台诸多战略规划和政策文件，支持和鼓励本国科技产业界积极开展创新，以期掌握信息时代制胜密码，抢占新一轮科技革命制高点。在宏观政策的引导下，以科技头部企业为首的产业界动作频频，积极探索科技"无人区"，继移动互联网之后，元宇宙成为产业界和投资界锚定的最新方向。

随着信息技术和智能设备的快速渗透，普通民众对于数字化、智能化的认知逐步提升，特别是新冠肺炎疫情的全球蔓延，加速了民众对数字生活的接受度和认知度，刺激和推动了线上经济和"宅经济"的快速发展。虚拟世界由最开始对现实世界的补充，逐渐变成了现实世界的平行世界。与现实世界的唯一性相比，虚拟世界满足了人们的想象，从而给用户带来全新体验。

短期来看，元宇宙的发展仍将主要集中于游戏、社交、内容等娱乐领域，具有沉浸感的内容体验是这个阶段最为重要的形态和特征之一，用户体验将得到显著提升。随着混合现实技术和相关设备逐步成熟，未来，元宇宙有望成为新型娱乐生活的重要载体。此外，元宇宙有可能以其丰富的内容与强大的社交属性打开 5G 网络的大众需求缺口，提升 5G 网络的覆盖率。

中期来看，元宇宙将向生产生活多领域逐步渗透。如今，数字孪生技术已成为工业领域特别是制造业领域生产环节的重要支撑，随着 VR、AR 和云计算技术的进一步应用，基于"全真互联网"的智慧城市、形成闭环的虚拟消费体系、"线上+线下"有机协同的虚拟化服务、更加成熟的金融科技手段将成为元宇宙的重要组成部分。

长期来看，元宇宙或将不可限量，或将以虚实融合的方式改变现有社会的组织与运作模式。生产力的发展将带来生产关系的改变，随着元宇宙的深度应用，未来的生产方式、组织模式、社会关系的发展方向将是一个开放性命题。正如 30 年前很难想象得到，30 年后的今天会发展成什么样。但可以确定的是，任何先进技术的发展总是伴随着一系列新情况、新问题和新挑战。

当前，元宇宙仍处于萌芽阶段，所涉及的大部分技术仍处于点状发展的状态，距离"聚点成网"还有较大距离。随着这一轮热潮的兴起，元宇宙将迎来新一轮快速探索期，相关技术进步和商业模式创新将层出不穷。

元宇宙如今的大火，与 2016 年人工智能的大火十分相似。在经历资本市场投资退潮和各地纷纷上马项目后，人工智能开始进入冷静务实和渗透消化期，其对经济社会、生产生活的智能化改造和效率提升作用正在逐步凸显。

而作为发展历程和发展时间远不如人工智能的元宇宙，我们应理性看待元宇宙大火的现象。科技企业为主的产业界依旧聚焦在元宇宙所涉及的技术、产品潜心研发层面，助力元宇宙产业健康、有序、良性地发展。

3. 元宇宙的发展愿景

《雪崩》一书在前文叙述中被引用多次，或许以他开始、以他收尾也不错。

围绕此书，前人以想象力构建了一个光怪陆离的世界，后人运用智慧、付出努力让科幻照进现实。相隔 30 年，元宇宙重出江湖，在短时间内便以迅雷之势引发科技界、投资界的广泛关注，可谓"来势汹汹"。恰逢移动互联网增长势头放缓，内容传播、用户交互方式长期缺乏创新之际，这似乎昭示着"互联网 4.0"时代即将来临，"异世界大门"已缓缓开启。

建立与外部现实世界既紧密相连、高度独立，又在时间维度上真实的数字世界并非一夕之功，需要多种新兴技术的支持与配合。

纵观古今，人类都对速度有着天生的向往。互联网的诞生把人们对信息传递速率的追求推上新高度，5G 网络技术"开花结果"，边缘计算等技术也应运而生。在元宇宙对算力与网络连接能力要求近乎苛刻的情况下，边缘计算作为以云计算为核心，集低时延、高安全性优势于一体的新型计算模型，为元宇宙与现实世界同步、同态的实时性需求提供了解决思路。强劲算力辅以具备高速率、低延迟、多连接特性的 5G 网络，将夯实元宇宙网络层面的基础，为元宇宙提供极具生命力的土壤。

元宇宙既称一方宇宙，理应包罗万象，拥有能让人沉浸其中的真实感。手机端和 PC 端现今都无法承载元宇宙所需的拟真性，增强现实（AR）、虚拟现实（VR）技术有了用武之地。以 VR、AR 为代表的 3D 视觉交互技术是现实世界与虚拟世界接口的理想选择，借此桥梁，我们可以感受栩栩如生的数字世界，轻松游走于现实世界和虚拟世界。如果说飞速发展的新型交互技术刺激了元宇宙的复苏，那么，元宇宙概念的持续火爆势必将拉动 VR/AR 产业重回增长快车道，二者可谓相辅相成，相得益彰。

目前，元宇宙仍是一个不断演变、不断发展的概念，万千参与者也会不断丰富其含义。元宇宙或许将成长为互联网的替代者，并逐步整合社交网络、社会经济与商业活动，区块链技术则成为协助元宇宙经济体系基础设施建设的不二选择。具备不可伪造、全程留痕、可以追溯、公开透明、集体维护等特征的区块链技术，可有效地实现元宇宙中的价值交换并保障系统规则透明执行，同时用户也可以参与监督交易的合法性。

当然，区块链是否能从"暴富技术"成功转变为"实用工具"犹未可知。但元宇宙概念的兴起，将证明区块链并不是一个虚无缥缈的存在，这为区块链理性、客观的发展指明了方向。

遥想几十年前，互联网概念刚刚兴起之时，我们根本无法想象它会如何剧烈、根本性地改变人类的生活。此时此刻恰如彼时彼刻。如今，一个叫元宇宙的新命题出现在我们面前……也许不久之后，元宇宙概念会像泡沫一样随风飘散；也许元宇宙时代终将来临，每个人都可以在一个无限大的立体画布中恣意挥洒创意……

不论如何，自元宇宙概念诞生的那一刻起就已经按下了区块链、人工智能、物联网等技术加速发展的开关。我们无法预测元宇宙的最终命运，只希望在开拓虚拟世界、探索元宇宙的同时，不要忘记拥抱真正的宇宙。

千里之行，始于足下。任何一项技术进步都应以提高人类生活质量和福祉作为出发点和落脚点。只有这样，元宇宙才能真正实现健康发展。

反侵权盗版声明

电子工业出版社依法对本作品享有专有出版权。任何未经权利人书面许可，复制、销售或通过信息网络传播本作品的行为；歪曲、篡改、剽窃本作品的行为，均违反《中华人民共和国著作权法》，其行为人应承担相应的民事责任和行政责任，构成犯罪的，将被依法追究刑事责任。

为了维护市场秩序，保护权利人的合法权益，我社将依法查处和打击侵权盗版的单位和个人。欢迎社会各界人士积极举报侵权盗版行为，本社将奖励举报有功人员，并保证举报人的信息不被泄露。

举报电话：（010）88254396；（010）88258888

传　　真：（010）88254397

E-mail：dbqq@phei.com.cn

通信地址：北京市万寿路173信箱

　　　　　电子工业出版社总编办公室

邮　　编：100036